AF450633

L'HARMONIE

DES PEUPLES

DÉDIÉE

A TOUTES LES NATIONS

PAR LE COMTE PORAY-GOCZALKOWSKI

PARIS

JEANNE, ÉDITEUR, PASSAGE CHOISEUL, 68.

1849.

Imprimerie D'AUBUSSON, rue Faydeau, 7.

PRÉFACE.

Je prends la plume pour discuter les doctrines
nouvelles. Cette tâche n'est pas exempte d'un certain péril, je le sais. Et, si j'ose cependant l'entre-
prendre, c'est dans l'intime conviction, qu'il n'y a
pas d'opinions sincères sans aperçus utiles.

Témoin oculaire des évéments dont la France,
l'Allemagne et l'Italie ont été depuis dix-huit mois
les principaux théatres; la franchise et la vérité
ont présidé seules à l'expression de ma pensée.

J'adresse ces pages à tous les peuples. Mais comme
les doctrines nouvelles émanent de la France, j'ai
cru devoir rappeler diverses phases de sa révolution,
et baser mon raisonnement sur sa politique et sa
législation.

L'HARMONIE

DES PEUPLES.

PREMIERE PARTIE.

I.

Le soleil s'éclipse ; mais ne
disparaît pas.

Peuples ! Vous avez abandonné un principe qui
faisait votre force ; regardez autour de vous :
L'Europe est ébranlée jusque dans ses fondements.
Son vieil édifice social craque, se brise partout ;
Menace de crouler....

Prenez garde de provoquer sa chute!.. Un remède recueilli de ses décombres, serait pire que le mal...

II.

Cependant, une réforme générale est devenue nécessaire, indispensable : quelque soit le pouvoir qui voudrait lutter contre elle, il commettrait un acte de témérité, de folie ; se perdrait sans réussir.

Mais aussi tout peuple, dont les extravagances susciteraient une anarchie permanente, ne serait plus digne d'être une nation indépendante ; car s'il est raisonnable et juste de réprimer un individu qui met le désordre dans une société, pourquoi n'empêcherait-on pas une société d'avoir constamment la torche à la main, si elle devait s'en servir, pour incendier la grande société composée de tous les peuples?...

III.

Vous tous, qui vous êtes levés spontanément au cri d'alarme : à la réforme!... à la réforme !... et dont les regards sont tournés vers ce peuple qui, le premier, l'a fait retentir, prêterez-vous encore l'oreille aux déclamations de ses émissaires, après le drame affreux qui vient de se dérouler sous vos yeux ?

Vous attendiez-vous à voir reparaître les hideuses vieilleries de 1793 ?

Vous seriez-vous jamais doutés, que les doctrines déjà tentées, mais bafouées et abandonnées il y a deux mille ans, seraient remises en question ?

Non ! Vous ne pouviez supposer que le XIXe siècle, tant vanté pour sa civilisation et ses lumières, rivaliserait d'ignorance et de férocité, avec la barbarie des temps les plus sauvages, et qu'au centre du progrès, une immense cité saccagée par le pillage, l'incendie et le meurtre, verrait s'abattre sur les débris d'une société consternée par la terreur, frappée à mort, un monstre horrible, échappé des entrailles de la révolte, s'écriant à la face de l'univers : *La propriété, c'est le vol ; la famille, c'est le repaire du vice; Dieu, c'est hypocrisie et mensonge, c'est le mal.*

Hélas ! voilà le fruit d'un germe planté par l'athéisme vivifié par une suite de rébellion.

Quelle détestable oraison funèbre à côté de gémissements d'innombrables victimes tombées sous les coups de leurs frères en délire!

Quelle affreuse profanation, au moment du dernier soupir d'un saint évèque, expirant pour prix de son dévouement à la suite d'un lâche assassinat !

Et, chose inouie! tant d'impiétés, de blasphèmes,

d'ignominies et de crimes, sous les auspices de ces trois mots :

Liberté, Égalité, Fraternité...

Malheur, malheur aux traîtres qui, pour satisfaire à leurs criminelles ambitions, ont exposé ce beau pays à de tels désastres, et ont inauguré à la place de son noble drapeau si éclatant de traditions et de gloires, une bannière ramassée sous d'infectes pavés par des mains homicides.

Que les calamités dont ce peuple est accablé vous servent d'enseignements ; et puisque de tous temps il a été votre point de mire, suivez attentivement toutes les phases qu'une série de bouleversements lui a fait parcourir, et sachez profiter de ses erreurs et de ses fautes. Elles sont immenses et tellement graves, que s'il n'arrête l'odieuse intrigue mise en scène au profit de quelques ambitieux, s'il ne repousse au loin des théories et des conseils perfides qui l'éloignent de la voie d'où jamais il n'aurait dû sortir ; vous le verrez se traîner d'apostasie en apostasie, de violence en violence, de crime en crime, et quoique depuis plus d'un demi-siècle il marche de réforme en réforme, vous l'entendrez longtemps, longtemps encore crier : à la réforme !...... à la réforme !.....

IV.

Avouons-le néanmoins, il faut que la France renferme en elle une forte dose de bons instincts, de nobles sentiments, pour avoir résisté à tant de désastres, pour n'avoir pas été engloutie dans les gouffres nombreux que des passions effrénées ont constamment creusés sous ses pas. Honneur, honneur à ceux de ses enfants, dont la foi n'a pas chancelé au milieu de soixante années de bouleversements et de persécutions les plus cruelles!..... Un beau triomphe les attend le jour de la grande réconciliation, où toutes les familles sans distinction seront groupées autour d'un libérateur plein d'amour et de loyauté, que le ciel a conservé, et doué de sentiments à la hauteur de sa destination. Ils pourront dire avec bonheur, en voyant ce noble rejeton de soixante rois, cicatriser toutes les plaies, soulager toutes les souffrances, tendre la main à tous : Dieu et notre fidélité ont sauvé la patrie!

Ce jour de délivrance n'est pas éloigné ; car c'est lorsqu'on voit la France à l'agonie, quand on la croit au plus bas, qu'elle se redresse comme par enchantement pour reprendre une vie nouvelle. Sa source vitale est tellement féconde, les événements prodigieux qu'elle développe sans cesse , se succèdent avec tant de rapidité, qu'une action à peine commencée laisse déjà loin derrière elle l'action non encore terminée. Et si parfois un génie fatal entraîne la France vers le mal, un moment lui suffit pour·rentrer dans tout son éclat de sagesse et de gloire.

V.

Les plus grands peuples comme les plus petits ont leurs instants d'égarements. Tous aujourd'hui sont frappés de vertige, car il n'est pas un seul d'entre eux qui ne soit forcé de lutter contre cet ennemi acharné, dont les ramifications s'étendent sur toute la surface du globe, et attaquent la société sans relâche.

On ne peut mieux désigner la fureur de cet ennemi qu'en comparant ses actions aux ravages de l'horrible épidémie, dont le nom seul fait tressaillir d'effroi.

A l'instar de ce fléau terrible, que tout le monde devine être le choléra , il n'inspire que terreur, n'engendre que destruction. Chaque pas qu'il fait en avant présage un sinistre. Partout où il plante son drapeau, ce sont de nouvelles victimes. Il apparaît tout à coup... frappe, tue, porte la mort dans tous les pays... et après avoir ainsi dévasté le monde, il disparaît et ne laisse que désolation.

VI.

Où trouver un remède pour tarir la source de tels maux, lorsque ceux qui tiennent le pouvoir, qui ont soin des États, ne savent faire usage des moyens à leur disposition?

Il est certain, que si jusqu'à présent, ils n'ont pu préserver les peuples de malheurs aussi grands, c'est parce que sans cesse, ils ont commis la faute lourde, d'employer des demi-mesures.

Une faute politique fait plus de mal qu'un crime, disait le prince de Talleyrand. Certes, au point de vue de l'ordre social, le célèbre diplomate avait raison. Jamais crimes n'ont produit de désastres pareils à ceux qu'ont engendrés les fautes commises dans les derniers temps par tous les hommes d'État.

Si au lieu d'envoyer des ambassadeurs en 1830, pour complimenter l'usurpateur, on avait sérieusement protesté contre un état de choses, dont les conséquences devaient infailliblement bouleverser, tôt ou tard, la tranquillité générale, la catastrophe de 1848, n'eût pas eu lieu.

Le jour où les rois saluèrent l'homme, qui à l'aide

d'une révolte, et par la grâce des barricades, osa s'asseoir sur le plus beau trône de l'univers, ils prononcèrent eux-mêmes leur arrêt de condamnation.

En reconnaissant le gouvernement de Louis-Philippe, n'était-ce pas proclamer qu'un fait accompli équivalait à un droit? C'était déclarer formellement qu'un peuple pouvait, au gré de son caprice, détruire non-seulement ses institutions, mais jusqu'au principe immuable, dont l'inviolabilité seule est capable de maintenir et de resserrer les liens qui unissent les nations.

VII.

Un peuple est maître chez soi, dira-t-on ; il est libre d'adopter les moyens qu'il croit utiles à l'amélioration de sa position sociale : à Dieu ne plaise que nous contestions ce droit. Si cependant il lui prenait l'idée de mettre son pays sens dessus dessous, d'adopter une forme de gouvernement en contradiction avec l'ordre des choses naturel, faudra-t-il que tous les peuples en subissent les conséquences, lors même que son extravagance et sa mauvaise organisation porteraient atteinte à la sûreté de tous?

Non! Il y a des cas où les peuples sont responsables et solidaires les uns des autres. Car, de même qu'un wagon déraillé peut entraîner tout un convoi dans l'abîme, de même un peuple peut, par son désordre, bouleverser l'humanité toute entière.

En matière de droit politique générale, les lois, sanctionnées par les usages et les mœurs, promulguées par des traités et les rapports établis entre les différents États, sont obligatoires. Tous les peuples, sans exception, doivent s'y conformer. S'il y a des récalcitrants, on doit les contraindre, et cela dans l'intérêt de la paix générale.

VIII.

C'est une grande duperie de croire que des moteurs de révolution peuvent être ramenés à leurs devoirs au moyen de raisonnements inspirés par la modération. Une faction dont les éléments se composent d'ambitieux, vivant, les uns au pouvoir, les autres au partage de la propriété, peut-elle vivre ailleurs que dans le désordre et le trouble?

On a beau se flatter dans les moments calmes de l'avoir réduite à l'impuissance, elle saisira chaque occasion qui peut donner prise à une contestation quelconque, et cette occasion ne lui fera pas faute, tant que les peuples n'auront pas à leur tête des gouvernements placés au-dessus de l'esprit des révolutions.

Dans la position critique où se trouve l'Europe en ce moment, il n'y a que des hommes énergiques et courageux qui puissent la sauver. Mais il faut pour cela qu'ils sachent d'abord ce qu'ils veulent..... et qu'ensuite ils eussent la ferme résolution de faire exécuter leur volonté à tout prix.....

· Le péril public a ses lois ; elles sont aussi justes que les lois des temps de sécurité.

Lorsqu'il s'agit de l'existence de la société tout entière, lorsque cette société est attaquée jusqu'au fond par des révolutionnaires passionnés, infatigables, systématiques, il n'y a plus de ménagements à prendre.

Il faut anéantir, écraser les prétentions rebelles d'une faction séditieuse, qui s'arroge le droit de se mettre au-dessus des principes réels ; et dans le cas où elle aurait l'audace de proclamer sa devise impie : *L'insurrection est le plus saint des devoirs*, lui opposer cette maxime prévoyante et sage : *La coalition est le plus sacré des droits*.

Aux grands maux, les grands remèdes.

IX.

J'entends déjà s'écrier : Mais c'est le système

d'intervention, c'est une nouvelle alliance de souverains que vous proposez... Rassurez-vous. Ce que je propose : c'est une coalition contre les moteurs des révolutions et les perturbateurs de l'ordre. C'est une coalition contre ces repaires du crime, appelés *clubs*, où se trament les plus odieux complots. C'est une coalition contre cette lèpre hideuse, nommée démocratie sociale, qui gangrène et désorganise le genre humain. C'est une coalition contre ces écrits infâmes qui déshonorent la presse et démoralisent les masses.

Ce que je propose encore, ce sont des lois de répression les plus sévères contre cette nuée d'émissaires de la démagogie, qui infectent tous les pays, et en échange de l'hospitalité qu'on leur donne, allument la guerre civile.

Qu'il soit fait un appel au bon sens et à la conscience des peuples; que des conseillers ambitieux ne cherchent pas à les détourner par de belles paroles du droit chemin, et vous les verrez immédiatement se rapprocher du véritable principe méconnu. Ils relèveront eux-mêmes ce qu'ils ont renversé, et reconnaîtront dans les alarmes que Dieu vient de leur susciter, un avertissement de sa prévoyance infinie, pour leur apprendre que l'ambition d'une caste impie étant le seul mobile qui les a poussés au crime et fait tomber au dernier degré d'opprobre et de misère, ils ne doivent plus l'écouter, mais se réunir en un seul faisceau pour la combattre.

X.

A l'œuvre donc ! hommes de bien de tous les pays, de toutes les nations. En sauvant la société, vous sauverez votre patrie. A l'œuvre ! aujourd'hui vous le pouvez encore ; si vous hésitez, vous ne le pourrez peut-être plus..... Unissez-vous ! et votre noble mission s'accomplira ; car déjà des cœurs honnêtes accourent de tous côtés pour se rallier autour du parti de l'ordre.

Des populations entières demandent à être délivrées d'amis obséquieux, dont les insinuations perfides ont troublé la paix intérieure que la Providence leur avait jadis accordée.

D'autres, cruellement désabusées des trompeuses paroles des hommes de l'anarchie, s'écrient en réponse à leurs provocations : Arrière vos doctrines et vos principes ! nous aspirons vers une liberté raisonnable et sage, mais nous ne voulons plus de votre spectre hideux, que l'on ne peut approcher sans fouler aux pieds des cadavres ; que l'on ne peut voir qu'à travers un brouillard corrompu par les exhalai-

sons infectes des rues dépavées, des barricades en-
sanglantées.

Tous maudissent les révolutions ; et poussés par un
secret pressentiment, reportent leur esprit vers un
passé qui leur apparaît au milieu de tant de désastres
et de malheurs, comme la seule branche de salut.

XI.

Lorsqu'au milieu d'un orage affreux on aperçoit
l'arc-en-ciel, c'est un pronostic que la tempête se dis-
sipe ; mais tant que l'air reste couvert de sombres
nuées qui obscurcissent le firmament, les vents con-
tinuent de souffler, le tonnerre de gronder, et la fou-
dre d'éclater.

Le retour des peuples vers de bons sentiments au
milieu des tempêtes intestines, représente cet arc-en-
ciel. Malheureusement l'horizon politique n'est pas
prêt à recouvrer sa sérénité, en présence de cette
nuée de révolutionnaires effrénés, qui ne cessent d'a-
limenter l'orage des passions, et de dresser des em-
bûches à tous ceux dont le but louable consiste à vouloir rétablir l'ordre et l'harmonie, au moyen d'une
réaction raisonnable et sage.

Espérons néanmoins que leurs efforts se briseront

contre le grand instinct des peuples, car la réaction n'est rien autre qu'une transition du malaise au bien-être, une force dont la Providence a doué la nature pour paralyser l'action de toute cause qui produit le mal.

Quand la réaction a pour but de faire rentrer l'utopie dans la sphère des conditions possibles, elle est un véritable progrès. Mais pour qu'elle puisse produire un effet salutaire, il ne faut pas que le sentiment de la conservation étouffe en elle tous les autres sentiments. S'il n'est pas raisonnable que des esprits exaltés fassent payer cher à leur époque le désir de semer des bienfaits pour la postérité, il n'est pas rationnel non plus que des hommes égoïstes sacrifient tout à fait l'avenir au présent, en repoussant arbitrairement des idées généreuses.

Peu d'opinions sincères, sans aperçu utile ; pas de résistance aveugle, sans de funestes résultats.

Le premier devoir de ceux qui provoquent une réaction est de chercher à rétablir l'équilibre rompu entre le parti des réclamants et celui des résistants. Ils ne doivent pas se laisser dominer par l'esprit de coterie ; le bien-être de tous doit être leur unique mobile.

Il en est des secousses politiques comme des graves maladies : après une crise violente survient ordinairement la réaction, et cette réaction opère la guérison ou donne la mort, suivant qu'un médecin habile vient en aide à la nature, ou qu'un vil charlatan s'avise de contrebalancer son action bienfaitrice.

Il est donc essentiel, lorsqu'après un délire affreux, on veut ramener un peuple vers son état naturel, de lui indiquer les véritables éléments du remède qui doit le sauver.

XII.

M. Guizot a dit à ses amis politiques :

« Une seule chose importe aujourd'hui à la France,
» que le parti de l'ordre s'organise ; organisé, il aura
» immensément à faire. Personne ne sait tout ce qu'il
» peut avoir à faire. Ce qu'il a à faire aujourd'hui,
» c'est de s'organiser. »

Suivant M. Guizot :

« Trois gouvernements sérieux, l'empire, la res-
» tauration et la monarchie de 1830, ont légué les
» éléments de ce parti. Lorsque l'ordre est en péril,
» l'alliance des partisans de ces trois gouvernements
» est indispensable. »

Quant à la République, a dit M. Guizot :

« La France ayant été bouleversée ou opprimée,
» jamais régulièrement et efficacement gouvernée par
» elle, on ne peut la compter parmi les gouverne-
» ments sérieux. »

Mais écoutez bien ; il n'y a qu'un gouvernement
stable, a-t-il ajouté :

« Un gouvernement qui porte en lui-même des
» gages, et qui répand partout le sentiment de sa
» stabilité, qui puisse sauver la société et tirer la
» France de l'abîme. »

Cette opinion, exprimée par un homme grave,
éminemment politique, et dont les idées sérieuses et
bien arrêtées ne s'abandonnent pas facilement à des
rêveries illusoires ou à des exaltations poétiques,
est d'un grand poids pour tous ceux qui pèsent
avec calme et sans passion les événements actuels.

Il est à regretter seulement que M. Guizot ne se
soit pas expliqué plus clairement sur l'idée domi-
nante qui doit présider à l'union de tous les partis
de l'ordre.

La franchise est le seul moyen à employer, lorsqu'on s'adresse à un peuple assez sensé pour reconnaître la vérité, et trop spirituel pour ne pas s'aper-
cevoir d'une arrière-pensée.

Une explication de sa part eût été d'autant plus

utile, que tous les partis diffèrent de principes, chacun a le sien, et il n'y en a qu'un de véritable.

Cependant, on ne doit nullement suspecter les intentions de M. Guizot, lorsqu'il dit : *Il n'y a qu'un gouvernement stable, un gouvernement qui porte en lui-même des gages, et qui répand partout le sentiment de sa stabilité, qui puisse tirer la France de l'abîme.*

Ce peu de mots, pleins de sagesse et de vérité, sont une sincère profession de foi ; car, malgré qu'il ait avoué à ses amis : *Que son passé lui imposait des devoirs particuliers*, quel est celui qui le croirait capable de prendre encore aujourd'hui le renversement d'une monarchie légitime pour une régénération, la doctrine d'un fait pour la doctrine du droit ?

On ne doit donc envisager l'union de tous les partis, recommandée avec tant de sollicitude par M. Guizot, que comme un moyen pour arriver à détruire le principe révolutionnaire, source de tous les désordres, afin de rétablir à jamais le véritable principe de l'ordre.

Il y a retour aux bons sentiments chez les peuples ; pourquoi n'y aurait-il pas un retour de conscience chez les hommes d'État ?

A tous péchés miséricorde !

XIII.

Mais, comment reconnaître au milieu du choc des erreurs qui divisent et déchirent la France, quel est le parti dont le principe résume essentiellement l'ordre?

Est-ce celui des vieux soldats de la grande armée, qui ont proclamé empereur le héros d'Égypte, d'Allemagne et d'Italie?

Honneur et gloire à la mémoire du grand homme! Son nom immortel restera gravé dans les annales de l'univers. L'histoire le signalera comme un météore brillant, dont le rapide passage sur terre a jeté une clarté nouvelle. Mais quant au principe immuable, dont l'existence plane au-dessus des évènements quels qu'ils soient, elle n'en fera pas mention pour révéler son règne à la postérité; car il ne possédait d'autres droits que celui émané de son génie.

Doit-on chercher le principe de l'ordre parmi ces prétendus libéraux de 1830, qui ont renversé la monarchie légitime, pour conférer la couronne à un conspirateur? Non... La révolte, l'usurpation et la spoliation d'un droit ne peuvent résulter que du désordre.

Le trouvera-t-on parmi ceux, qui après avoir chassé

l'homme parjure envers son pays et son roi, ont inauguré la République? Pas plus... Ce n'est pas agir selon les lois de l'ordre, que de s'emparer d'une chose usurpée, et ne pas la restituer à qui de droit.

Nous disons : *restituer à qui de droit,* par cette raison péremptoire, que lorsqu'un peuple a remis irrévocablement les rènes du pouvoir suprème entre les mains d'une dynastie à titre de succession héréditaire, nul ne peut violer cette délégation sacrée, sans se rendre coupable de crime de lèse-nation.

Ainsi, le véritable principe de l'ordre, où peut-il siéger, si ce n'est dans le sein d'un parti dont la conduite politique a constamment été celle de prendre la défense de la loi fondamentale établie par le peuple ?

XIV.

Depuis l'époque fatale où l'on a commencé par attaquer le principe de la légitimité, les sociétés n'ont plus marché que d'erreurs en erreurs, de secousses en secousses, de décadences en décadences. Honneur, patriotisme, générosité, dévouement, probité, vertu, moralité, piété: tout a disparu.

La bourgeoisie fut la première à semer le germe de la révolte. Poussée par l'ambition, la jalousie et la soif de l'or, elle souleva les masses contre l'ordre dechoses établi. Après s'être emparé de tous les droits politiques, après avoir enrichi une camaraderie gouvernante au détriment du trésor public, elle ne songea plus qu'à établir une aristocratie financière. Toute glorieuse d'avoir succédé en quelque sorte à la noblesse qu'elle a renversée, elle s'arrêta.... mais l'instrument, dont elle s'est servi pour y arriver, ne s'arrêta plus....

Ayant proclamé : *que la royauté légitime était usée et avait fait son temps,* peut-elle s'étonner si ses complices proclament à leur tour : *que la famille c'est le vice, la propriété un vol?*

Cette logique n'a-t-elle pas la conséquence des doctrines qu'elle a mises en avant?

L'imprudente! elle n'a pas réfléchi, qu'attaquer dans une société monarchique le droit héréditaire du pouvoir suprême, c'est attaquer l'essence de la propriété et de la famille, c'est détruire la clef de la voûte, sur laquelle repose l'édifice social.

XV.

Mais le système monarchique n'est pas la seule forme de gouvernement, objecteront les adversaires de la légitimité ; et la république, s'écrieront-ils, la comptez-vous pour rien ? Pour rien n'est pas le mot...

nous la comptons pour la plus folle utopie, lorsqu'on veut l'imposer à un peuple qui doit sa grandeur, sa civilisation et sa gloire à quatorze siècles de monarchie.

Rien de plus facile que d'improviser un gouvernement le lendemain d'une révolution; mais le faire coïncider avec les usages, les goûts, les mœurs et les besoins d'un pays, voilà l'écueil contre lequel se briseront constamment les projets des conspirateurs.

Ce n'est pas avec de l'audace et les déclamations de quelques tribuns que l'on fait passer une antique société d'un état d'organisation à un autre. Une nation ne se transforme pas comme une décoration théâtrale. Un État ne change pas de nature du jour au lendemain. Parce qu'on aura crié : vive la République! parce qu'un illustre publiciste aura écrit dans un moment d'exaltation : *que la Providence fait éclore ses desseins cachés par des révolutions ; que tout-à-coup elle dit son mot, et que ce mot en 1848 a été la République*, faut-il en conclure que la France a cessé d'être monarchie? Peut-on admettre qu'une nation si jalouse de ses glorieuses traditions puisse véritablement se résigner à quitter le premier rang dans le monde pour aller se traîner à la remorque de quelques ambitieux !

Nous sommes parfaitement d'accord avec l'honorable M. de Lamartine, lorsqu'il dit :

« Il n'y a que les fous qui se jettent du haut des

» toits dans les précipices. Il n'y a que les aveugles
» qui tombent dans les gouffres. Il n'y a que les
» suicides qui s'arrachent volontairement la vie.
» Or, une nation entière. n'est jamais, ni aveugle,
» ni insensée, ni suicide. Elle veut vivre en ordre,
» en paix. et en sécurité. »

Rien de plus vrai et de plus rationnel ; mais, est-
ce en se jetant au milieu d'un choc répété de mille
pouvoirs anarchiques, qu'elle rétablira l'ordre? Est-
ce en reniant son origine qu'elle parviendra à mettre
d'accord tous ses éléments? Est-ce en abandonnant
un principe fondamental, qu'elle arrivera à opérer
cette réconciliation si nécessaire entre le parti des
réclamants et celui des résistants? Qu'on la laisse
suivre librement l'instinct de sa conservation, que
l'on ne cherche pas à l'égarer par des doctrines illusoires ; et précisément parce qu'elle n'a nullement
envie de se précipiter du haut des toits, de tomber
dans des gouffres et de se suicider, qu'elle se ralliera
autour du principe de la légitimité, seul capable de
rétablir l'équilibre rompu, et d'admettre au moyen
de l'unité, les réformes nécessaires pour le bonheur
de tous.

XVI.

Si une nation était faite comme un homme, elle

pourrait se gouverner elle-même. Mais comme c'est une comparaison inadmissible, par la raison, que la volonté d'un homme est subordonnée à son caractère et à son intelligence, tandis que la volonté d'une nation se multiplie par autamt de caractères et d'intelligences qu'elle réunit de membres : il résulte que plus une nation est grande, moins elle peut se passer d'un point de ralliement, où viennent se concentrer toutes les volontés eu une seule.

Ce point de ralliement peut-il être autre chose, sinon une puissance immuable, placée au-dessus des caprices et des passions humaines, une puissance dont l'origine émanant de la volonté du peuple, s'appuie sur la force morale, le bon droit et la justice?

On cherche à exalter l'imagination des masses avec ces mots : *Souveraineté du peuple*. Cependant, cette souveraineté peut-elle se manifester autrement que par un pouvoir quelconque qui la représente? Une nation ne pouvant gouverner elle-même, n'est-il pas mille fois plus raisonnable de déléguer cette souveraineté à titre héréditaire, plutôt que d'ouvrir un champ libre aux conspirateurs et aux factieux?

A côté d'une puissance inviolable, sacrée, un peuple ne peut-il pas jouir d'une liberté? N'a-t-il pas une députation nommée par lui, pour discuter ses intérêts, pour contrôler l'exercice du pouvoir exécutif? Ses droits ne peuvent-ils pas être déterminés par des lois, garantis par de bonnes mesures législatives, réalisés par des institutions municipales et judiciaires?

A moins d'adopter les rêves de nos utopistes modernes, peut-il exister une forme de gouvernement plus rationnelle?

XVII.

C'est un triste spectacle que de voir un pays livré aux fatales combinaisons d'une politique dépendante d'un grand nombre de volontés différentes.

Dans une société où tout le monde se dispute le pouvoir, où la discussion parlementaire s'épuise dans une polémique sans fin, pour savoir, non comment, mais qui gouvernera : le bien-être général disparaît ; l'agriculture, le commerce, l'industrie, les sciences et les arts dépérissent ; les affaires à terme, qui font la richesse des États, cessent complètement ; les grandes entreprises, qui occupent beaucoup d'ouvriers, ne peuvent plus continuer ; les spéculateurs en présence d'un avenir incertain, retirent leurs capitaux ; la classe des travailleurs est réduit à chômer.

Ainsi cette partie de la société, dont la position inspire tant de sollicitude à tous les cœurs honnêtes ;

a le plus grand intérêt de se rallier autour d'un
pouvoir indépendant des caprices de quelques-uns,
non sujet à des changements continuels.

Ce n'est jamais sous le règne d'un gouvernement
survenu à la suite d'une catastrophe que la classe
ouvrière peut voir son sort assuré.

Partout où elle a eu le malheur de suivre les fauteurs
des révolutions, y a-t-elle gagné? N'a-t-elle pas constamment été expliotée par leur ambition?

Il n'y a qu'un gouvernement unique et stable, un
gouvernement dont le droit ne peut être contesté par
le premier venu, un gouvernement qui n'a rien de
commun avec les prétentions rebelles de quelques
aventuriers politiques, qui peut lui offrir de sérieux
avantages.

Avec le principe de la légitimité, l'ordre, la paix
et la tranquillité renaîtront ; le crédit, la confiance,
l'industrie et le commerce reprendront une nouvelle
vie ; l'ouvrier laborieux ne manquera pas d'ouvrage.

XVIII.

On critique la splendeur qui environne la royauté.
N'est-il pas naturel qu'un peuple entoure de tous les
prestiges imaginables le pouvoir qui le personnifie?
N'est-il pas raisonnable que ce pouvoir soit élevé le

plus haut possible, afin que par son éclat et sa force il puisse présenter sans cesse des obstacles à l'ambition, résister à toutes les secousses que font naître les passions?

Les apôtres de la démagogie ne cessent de railler cette expression monarchique : *Roi par la grâce de Dieu*. Mais tout homme sensé ne reconnaît-il pas dans ce langage une formule symbolique pour désigner que tout émane de Dieu? Ne sommes-nous pas tous ce que nous sommes par la volonté et la grâce de Dieu? N'est-ce pas par la grâce de Dieu que tel individu, pour avoir eu des parents riches, nage dans l'opulence, tandis qu'à côté de lui une multitude de gens sont obligés de travailler pour vivre? N'est-ce pas par la grâce de Dieu que tel autre est né avec un grand génie, lorsque la terre fourmille de niais?

C'est un vice d'organisation sociale, répliqueront les novateurs ; adoptez nos principes, laissez-nous gouverner, et tout cela disparaîtra... C'est très-bien, messieurs les redresseurs de la nature, et puisque vous possédez un remède universel, corrigerez-vous aussi le sort si différent de ces deux hommes , dont l'un, laborieux, honnête , l'unique soutien d'une nombreuse famille, vient d'être enlevé par l'horrible épidémie , tandis que l'autre, paresseux, ivrogne, père dénaturé, mauvais mari, semble avoir été épar-

gné par elle pour continuer à maltraiter ses enfants,
à dissiper dans la débauche et le vice, le labeur pénible de sa vertueuse et trop malheureuse femme?

A qui la faute? contre qui dresserez-vous vos barricades? Allez, messieurs les empiriques, quelles que
soient vos doctrines et vos plans de régénération,
vous ne parviendrez jamais à niveler les inégalités
naturelles et sociales, et à vous soustraire à une loi
plus forte que toutes vos révoltes ; car elle est marquée par le doigt de Dieu.

Si vous êtes de bonne foi, si réellement vous êtes
mus par des sentiments philanthropiques et non par
l'ambition et la soif du pouvoir, enseignez le patriotisme, la pitié, l'amour de l'ordre et du travail, et
n'égarez pas les imaginations par des chimères et de
vaines espérances que ni vous, ni d'autres, ne sau-
raient réaliser.

XIX.

Plus une nation, bouleversée par une série de révolutions, a été livrée aux hasards d'une politique
vagabonde, plus elle doit chercher à rétablir l'ordre
par la force du droit. Tant qu'elle placera les principes de circonstances au-dessus des principes réels,
tant qu'elle laissera subsister les doctrines des faits

accomplis, elle sera toujours à la merci des intrigants.

Les conservateurs des gouvernements révolutionnaires le savent parfaitement bien. N'ayant aucun
principe pour légitimer l'existence de leur règne, ils
s'efforcent par tous les moyens possibles à confondre
l'effet avec la cause, le matériel avec le moral, la
force brutale avec le droit, et à persuader que le véritable ordre consiste dans la tranquillité des rues.

C'est au nom de ce prétendu ordre que les révoltés
de juillet 1830 ont fait mitrailler les insurgés de juin
1832. C'est au nom de ce même ordre que se fit
l'horrible massacre de juin 1848. Et si le 13 juin
dernier, M. Ledru-Rollin et consorts étaient parve-
nus à renverser le gouvernement de la République,
il est probable que c'est encore en invoquant le même
ordre qu'ils auraient fait fusiller tous ceux dont la
résistance eût été un obstacle à leurs projets.

Quand donc les peuples commenceront-ils à s'a-
percevoir que les révolutions sont des secousses san-
glantes où, sous prétexte d'un intérêt général, les
passions s'agitent au profit de quelques ambitieux?

XX.

Rien de plus pernicieux que ces paradoxes, ces

phrases emphatiques et banales, dont on abreuve les peuples depuis si longtemps. Les ambitieux s'en servent pour se faire des prosélytes ; les conspirateurs les invoquent pour émouvoir les esprits ; les hommes d'action les proclament pour allumer le feu de l'enthousiasme.

C'est presque toujours à l'aide de grands mots que l'on fait des révolutions, et, phénomène étrange! les plus creux, les plus vides de sens, les plus élastiques, sont ceux qui ont le plus de vogue.

Le bon sens des peuples a déjà fait justice de quelques-uns ; mais on ne parviendra jamais à extirper le mal complétement, en présence du système actuel d'éducation publique.

Depuis que l'on ne cherche qu'à orner la tête et non le cœur, depuis que l'on s'occupe peu de morale, il est facile de remuer les masses, qui s'impressionnent et ne raisonnent pas, et d'exalter une jeunesse qui n'a pas été élevée dans des principes religieux.

L'éducation étant la nourriture de l'âme aussi indispensable au bonheur et à la prospérité d'un peuple que l'air dont il a besoin pour respirer, elle ne peut assez être surveillée. — Malheur au pays où la civilisation n'a pas pour principal mobile le développement des principes appuyés sur la conscience et le devoir. Si la philosophie moderne n'avait pas étouffé le sentiment de la piété par des doctrines dont l'origine a pris source dans l'ambition, les jeunes gens ne chercheraient pas à sortir de leur sphère par tous les moyens possibles. Entraînés par un amour-propre démesuré, beaucoup d'entre eux se jettent à corps perdu dans la carrière politique, non dans le but de se rendre utiles à leur pays, mais pour y jouer un rôle quelconque.

Il est juste d'encourager l'intelligence et le génie ; c'est un devoir de pousser un jeune homme qui a des dispositions pour les études; mais on ne peut raisonnablement admettre cette maxime : *Les lumières superficielles valent beaucoup mieux que l'ignorance,* sans y ajouter celle-ci : *Défiez-vous des gens à demi instruits.*

La plaie qui ronge la société en ce moment est là, et pas ailleurs...

N'est-il pas pénible de voir d'honnêtes ouvriers, de fermiers laborieux, de petits propriétaires, se priver, se ruiner, pour envoyer leurs fils cultiver des sciences lors même qu'ils n'ont aucune vocation? Qu'en résulte-t-il? que ces jeunes gens, ayant passé inutilement leur temps sans avoir pu se faire recevoir bachelier, avocat, médecin ou prêtre, retournent chez eux avec une instruction mal digérée, et ne voulant plus continuer l'état honorable de leur père, deviennent *des mécontents*.

XXI.

Ce vice d'éducation publique est d'autant plus dangereux, que les principes anti-sociaux marchent et avancent à pas de géant.

N'avez-vous pas entendu retentir à vos oreilles ces doctrines absurdes, nées de la mauvaise foi, à l'aide desquelles on démoralisait les écoles?

N'avez-vous pas été témoin de quelle manière les démagogues se servaient de ces mêmes doctrines pour soulever les ouvriers, en leur faisant croire qu'ils ont dans leurs concitoyens des ennemis?

C'est alors que l'on vit ces prolétaires, égarés par d'odieuses déclamations, parcourir les rues d'un air menaçant, envahir avec fureur le temple des lois, souiller jusqu'au sanctuaire inviolable où siégent les représentants!... Et comme si ce n'était pas assez! Un mois après, la fusillade se faisait entendre, et au nom de la fraternité, des malheureux versaient le sang de leurs frères!... Mais non, non, jetons un voile sur des détails qui nous font reculer d'horreur, et disons-le : ce n'est pas la classe des travailleurs qu'il faut accuser de tous ces crimes, ce sont ces hommes sans foi ni loi, dont l'unique préoccupation est de chercher à surexciter les ressentiments des esprits peu clairvoyants, à porter le trouble jusques dans les consciences les plus loyales. Ce sont eux qui en sont les principaux auteurs.

Le prolétaire est naturellement d'un caractère généreux et bon, mais malheureusement trop crédule. Il est facile, avec quelques paroles éloquentes, de lui faire faire tout ce qu'on veut, et s'il se laisse entraîner par les apôtres de la démagogie, c'est parce qu'ils lui persuadent qu'ils agissent dans l'intérêt de la patrie.

Quant au socialisme, dont les doctrines sont si bien déguisées par des considérations économiques, par des propositions financières et par une philantropie apparente, est-il moins à craindre?

Gardez-vous bien de le penser !

XXII.

En entendant ses défenseurs crier du haut de leurs tréteaux : *Venez à nous vous tous qui souffrez, et nous vous soulagerons ;* en écoutant leurs pompeux discours, où le mot humanité est mille fois répété ; ou bien en lisant leurs journaux, dont le style ne respire qu'égalité et amour public , on se sent péné-

tré de respect pour de si saintes gens, et l'âme toute
édifiée, peu s'en faut que l'on ne s'écrie :

Les bons Messieurs les socialistes !

Puis , si , supposant que chez eux comme chez
vous, la parole est l'expression de la pensée, vous
les laissiez faire, *ces bons Messieurs*, tout doucement,
peu à peu, avec de jolies phrases, ils vous amène-
raient à la destruction de la religion , de la famille
et de la propriété ; enfin, au meilleur des gouvernements anarchiques possibles, toujours en agissant au
nom de l'humanité et dans l'intérêt de ja liberté,
bien entendu.

Vous reste-t-il seulement un doute ? écoutez ce
que dit M. Proudhon, relativement aux contrats, à
la rente et à la propriété :

« Que me parlez-vous donc de propriété et de con-
» trats!... La propriété a d'abord été abolie par la
» révolution qui garantissait le droit au travail, et
» ensuite par le pays qui a adhéré à la République.
» La rente est un privilége gratuit qu'il appartient à
» la société de révoquer... Quant aux contrats, dont
» le principe repose sur la propriété, ils sont résiliés
» *ipso facto* et de plein droit... Si ces contrats conti-
» nuent à produire en faveur des anciens bénéficiai-
» res leurs conséquences, c'est uniquement l'effet du
» bon plaisir des fermiers et des débiteurs. »

Écoutez maintenant comment il s'exprime pour démontrer tout ce que peut le socialisme :

« Si la puissance secrète qui mène le monde pou-
» vait faillir dans les révolutions, il y aurait assez de
» force dans une seule tête pour plier la destinée. Si
» Dieu pouvait hésiter, un homme le remplacerait. »

Voici ce que dit un journal de M. Ledru-Rollin, en parlant du divin Sauveur :

« Jésus a été un apôtre dévoué; il n'a reculé ni
» devant les outrages, ni devant la misère, ni devant
» la mort, pour le triomphe de ses doctrines. Il est
» digne, à ce titre, d'être comparé au plus généreux
» martyr de la démocratie ; mais comme réformateur,
» il n'a pu se placer assez en avant de son siècle
» pour mériter d'être mis au rang des socialistes, nos
» contemporains. »

Enfin, pour avoir une idée complète de la moralité de ces doctrines, écoutez la profession de foi de M. Becker, socialiste badois :

« Les révolutions de février et de mars ont heu-
» reusement échoué ; elles étaient inconséquentes
» dès le premier jour ; car il leur manquait le bap-
» tême du sang... La révolution européenne date de
» la bataille de juin 1848... Ce que la bataille de juin
» nous a valu, c'est d'avoir démontré que le parti de
» la vraie révolution doit abandonner le chemin des

» réformes, détruire ses ennemis sans aucun ména-
« gement ni égard, et ruiner de fond en comble tous
» les éléments de la société actuelle, pour réaliser les
» exigences de nos principes... Ceux qui veulent d'a-
» bord l'unité, la puissance, la grandeur de la patrie,
» et pour qui la liberté ne vient qu'après, sont nos
» ennemis... La révolution du prolétariat ne peut
» marcher d'accord avec les politiques de l'école
» philosophique, qui veulent que non-seulement le
» but, mais encore les moyens soient conformes aux
» principes ; car pour nous tout moyen est bon, s'il
» conduit au but..... La religion ne doit pas seule-
» ment être bannie de l'éducation, il faut encore
» qu'elle disparaisse de l'âme humaine... Notre parti
» ne veut pas la liberté des consciences, il demande
» qu'on soit obligé de n'avoir nulle croyance. »

De telles paroles dispensent de tous commen-
taires. En présence d'aussi abominables blasphèmes,
on ne peut que s'écrier : Pardonnez-leur, mon Dieu !
le vertige de la folie a troublé leur esprit.

XXIII.

Est-ce là la liberté pour laquelle vous avez com-
battu? Est-ce pour arriver à un tel progrès que vous
avez abandonné des vérités politiques? N'est-il pas

effrayant de voir de pareilles monstruosités procla—
mées au grand jour? Et quoique vous les repoussiez
avec indignation et mépris, ne devez-vous pas être
saisis d'épouvante à l'idée seule des maux qui pourraient survenir, si elles parvenaient à dominer le
monde?

Ne vous y trompez pas; ce n'est jamais sous une
monarchie que peut germer et s'étendre le socialisme.
Mais il n'y a qu'un pas de la République jusqu'à lui.

Ainsi, consultez votre conscience; jetez un regard
sur le principe, dont l'inviolabilité et la puissance
morale peuvent seules faire renaître le véritable ordre, et avec lui le bien-être; et en travaillant à son
rétablissement, non par des révolutions incompati-
bles avec la sainteté de sa cause, mais par l'influence
de la conviction, vous pouvez encore arrêter le flot
destructeur qui menace de vous engloutir, et avec
vous la société toute entière!

Votre patriotisme, soyez-en sûrs, sera couronné
par un succès complet, car, malgré tous les efforts
des impies, la croix est restée debout.... Elle plane
comme un céleste phare au-dessus de votre destinée!

XXIV.

La meilleure preuve que Dieu veille sur l'humanité, c'est qu'il permet que de grands crimes révèlent quelquefois de grandes vérités :

Le Christ, descendu sur terre pour répandre le bonheur et la paix, n'a-t-il pas été méconnu, outragé, persécuté par ses ennemis, renié par son disciple le plus fidèle? N'expia-t-il pas sur la croix les erreurs et les crimes des impies?... *Pardonnez-leur, mon père, ils ne savent ce qu'ils font!* Telles furent les dernières paroles du Rédempteur... Cependant, fils de Dieu, il ressuscita... Et de ce grand mystère naquit le christianisme pour la régénération et le salut du monde.

Un pouvoir qui servait de soutien, de point d'appui aux nations, n'a-t-il pas aussi été méconnu, outragé, persécuté par d'implacables ennemis qui entraînèrent jusqu'à son peuple jadis fidèle? Une noble victime ne racheta-t-elle pas, au prix de sa vie, les erreurs et les crimes des rebelles?... *Je souhaite que mon sang puisse cimenter le bonheur du peuple!* fut le dernier vœu du roi-martyr.... Cependant, le bon droit le réhabilitera... Et de ce grand triomphe renaîtra un principe pour la réconciliation, le rétablissement et la félicité des peuples.

FIN DE LA PREMIÈRE PARTIE.

L'HARMONIE

DES PEUPLES.

SECONDE PARTIE.

I.

L'exacte vérité, par son accent d'élite,
Plus que la flatterie a des droits au mérite.

Parmi le grand nombre des maux qui accablent les
peuples, désorganisent les nations et causent la chute
des États, il en existe un, qui est la source d'où dérivent tous les autres. Les sociétés en général l'en-
tretiennent dans leur sein, et ont d'autant plus de

peine à s'en débarrasser, que c'est un être rongeur qui, s'enveloppant d'un voile et se cachant dans l'ombre, agit mystérieusement.

Cet être rongeur, infatigable comme une araignée, qui travaille nuit et jour à tendre des piéges ;

Traître comme une sirène, dont les chants flatteurs attirent vers elle ses victimes ;

Tenace comme une sangsue dont on ne peut se défaire, lorsqu'elle s'attache après vous ;

Rampant comme une couleuvre qui, pour se dérober aux regards, se traîne jusque sous les pieds, c'est :

La corruption !

Oui, c'est la corruption qui est cause que, malgré tous les efforts des peuples, les sociétés ont marché à l'instar de l'écrevisse.

C'est elle qui a fait naître tous les abus ;

C'est elle qui, au moyen de perfides et d'odieuses intrigues, a fait commettre ces injustices sans nombre dont les peuples sont victimes ;

Enfin, c'est elle et toujours elle qui a constamment cherché à priver les peuples de leur plus précieux talisman, *l'égalité morale.*

II.

L'égalité morale résume à elle seule toutes les libertés, puisqu'elle représente l'égalité de droit et de devoir, l'égalité devant la loi, l'égalité en justice. Il est évident qu'elle possède tous les éléments nécessaires pour servir de bases à l'organisation d'une société, étant par sa nature capable d'agir régulièrement et sans avoir à redouter l'influence d'éventualités telles qu'elles soient. C'est donc à sa source qu'un peuple doit puiser, s'il veut marcher dans la route du progrès, car ses principes lui tracent la voie qu'il doit suivre pour arriver à une égalité parfaite, et lui indiquent les moyens à employer pour rappeler à l'ordre la société elle-même, s'il lui arrivait d'oublier qu'elle a été instituée pour empêcher l'oppression du jeu des inégalités naturelles.

Mais parce qu'il est du devoir de la société de protéger avec une égale sollicitude tous ses membres, et de les préserver contre l'oppression, faut-il en conclure que tous les hommes doivent être matériellement égaux?

Défiez-vous de ces doctrines!... ceux qui les professent tendent plutôt à déformer qu'à réformer les sociétés. Ils peuvent entraîner les sots à des folies, les méchants à des crimes ; mais leur action éphémère, semblable à un ouragan furieux, ne laissera jamais après elle que le désordre et le trouble.

III.

L'égalité matérielle est leur premier et leur dernier mot ; ils en font un système qu'ils disent être le bonheur des peuples ; demandez-leur donc comment ils s'y prendront pour l'appliquer à une société?

Supprimeront-ils l'émulation et la concurrence dans la crainte que les hommes ne cherchent à se surpasser les uns les autres, et qu'il en résulte des inégalités?

Passeront-ils un niveau général sur toutes les facultés, en assimilant la paresse au travail, l'ignorance à la capacité?

Se sont-ils seulement assurés si ce système d'égalité matérielle, avec lequel ils font tant de bruit, est applicable dans une société à tous sans restriction aucune? Et si cela est impossible, pourquoi voudraient-ils qu'il soit applicable aux uns et non aux autres? Ne se mettent-ils pas en opposition avec eux-mêmes, en établissant une contradiction entre le principe qu'il proclament et l'application de ce même principe?

Ils se plaignent de ce que la société est composée de pauvres et de riches, de ce que tous ne jouissent pas du même bien-être; mais cette société, sujette à des lois immuables, sans lesquelles elle ne saurait exister, peut-elle espérer devenir plus sage et plus prévoyante que l'Être suprême, qui a placé le bonheur à côté du malheur, la vertu à côté du vice, le génie à côté de l'ineptie, le savoir à côté de l'ignorance, le beau à côté du laid, le fort à côté du faible, le riche à côté du pauvre ; et a voulu que dans l'immensité de son œuvre parfaite, ces contrastes moraux et physiques se reproduisent à l'infini ?

Ne suffit-il pas à l'homme de jeter un regard sur la nature, autour de lui, sur lui-même, pour être convaincu que depuis l'astre le plus grand jusqu'à l'atome le plus petit, de l'extrémité d'un pôle à l'autre, il n'y a partout qu'inégalités ?

Ces inégalités ne pénètrent-elles pas jusque dans les familles ? Ne rencontre-t-on pas fréquemment deux frères, dont l'un est grand, bien fait, doué d'une intelligence remarquable, rempli d'esprit et de moyens : tandis que l'autre, petit, difforme, sourd et muet de naissance, n'est qu'un idiot propre à rien ?

Et si ce contraste entre deux êtres humains, issus de la même origine, auxquels une mère sensible a prodigué une égale tendresse et les mêmes soins, inspire une sensation pénible, que ne doit-on pas éprouver à l'aspect de cet autre contraste de la nature qui, jetant au milieu de la société deux hommes, sans qu'ils aient demandé d'y être, développant en eux

les mêmes sentiments d'honneur, de délicatesse et
d'amour-propre, leur imposant le devoir de vivre, se
fera un jeu de donner à l'un pour père un grand citoyen, qui aura rendu des services éminents à sa patrie, que tout le monde respecte et honore ; pendant
qu'elle condamnera l'autre à s'entendre dire tous les
jours, à se répéter à lui-même : *Tu es le fils d'un misérable galérien, d'un cruel assassin, mort sur l'écha-
faud !*..... Et comme si là ne devait pas s'arrêter
l'effet de cette cruelle destinée, des frères, sans pitié,
l'accableront sans cesse sous le poids de ces mots
terribles : *Cache-toi ; car malgré que les fautes
soient personnelles, ton origine inspire de la dé-
fiance, le nom que tu portes fait frémir d'épouvante
et d'horreur !*

Hasard, fatalité, ou volonté suprème, ce contraste
n'est-il pas effrayant ? Peut-on rendre responsable la
société d'une inégalité aussi affligeante ?

Cependant, ces deux exemples ne représentent qu'un
tableau bien au-dessous des disproportions que l'on
rencontre dans la nature , inégalités dont l'existence
bouleverse complétement le système d'égalité matérielle, et fait voir que les doctrines qui en dérivent
doivent être classées au nombre de ces folles utopies
que l'on fait éclore à volonté, mais qui, à peine nées,
lancent leurs dards, meurent et tombent dans l'oubli.

IV.

Parmi les nombreux écrits qui ont traité de l'égalité matériele, nous ne pouvons passer sous silence le mémoire de M. Proudhon, intitulé : *Qu'est-ce que la propriété?* Cet ouvrage est rédigé avec tant de verve et de savoir, que l'on se demande comment un auteur de ce mérite a pu choisir une erreur pour point de départ à son argumentation, et ne s'est pas rappelé qu'au moyen d'une série de négations, un dogmatiseur habile peut démontrer les choses les plus absurdes, en s'appuyant sur cette méthode grammaticale : *deux négations qui s'entre-détruisent, valent une affirmation.* Si au lieu d'admettre que le chaos, avant la création, contenait les éléments de l'univers, il avait posé *à priori* : Dieu a créé de rien ce qui existe, et a doué l'homme d'une volonté pour qu'il puisse acquérir suivant ses facultés morales et physiques, il n'eût certainement pas conclu à l'abolition du principal mobile qui fait agir l'espèce humaine et à la destruction de la base fondamentale de toutes les sociétés. Il n'aurait pas non plus le reproche à se faire de ce que ses adeptes peu clairvoyants, sans intelligence, incapables de le comprendre, proclament sous les auspices de sa logique, cette expression injuste et

brutale : *La propriété c'est le vol : les propriétaires
sont des voleurs.*

Tel est le danger auquel s'expose tout logicien
qui part d'un faux principe, ou qui se laisse entraîner par la passion.

On s'explique l'intention qui a pu faire naître
l'idée à **M.** Proudhon de se révolter contre la propriété, en voyant les sentiments louables qui percent
dans le style vigoureux de son ouvrage en faveur de
la classe souffrante. Cependant, un homme de sa
capacité n'aurait jamais dû perdre de vue, que pour
traiter une matière aussi grave, il ne suffit pas d'être
mu par la philanthropie, il faut encore peser avec
sangfroid et discernement la question politique, dont
l'omission peut conduire à une chimère, ou ce qui
est pire encore, faire naître l'excitation à la guerre
civile.

Sans rechercher l'origine des nations, et la manière
dont elles se sont formées, que la propriété soit considérée comme la cause qui a donné lieu à leur organisation, ou comme l'effet résultant de cette organisation,
elle constitue un droit inviolable, absolu. Attaquer
ce droit, c'est vouloir détruire le pacte social en
vertu duquel se sont établis tous les peuples; c'est
contester le principe qui valide leur existence politique.

Si la terre a été destinée pour être partagée également entre tous ses habitants, de quel droit les Français, les Italiens et autres, se sont-ils emparés des contrées belles, fertiles, productives, abondantes en richesses naturelles, lorsque les habitants de la Sibérie, du désert de Sahara et d'une infinité de pays stériles, privés de tous ces avantages, sont assujettis à des climats rigoureux où le sol se refuse à toute culture?

Les peuplades de ces régions déshéritées n'auraient-elles pas le droit d'intenter un procès aux nations privilégiées, en s'appuyant sur les griefs que soulève l'inexorable adversaire de la propriété contre ses compatriotes?

En admettant même que l'égalité des biens soit socialement chose possible, pourrait-on aujourd'hui, sans manquer à l'équité et à la justice, procéder d'une manière partielle à ce nivellement, avant d'organiser une société universelle, pour recommencer les partages?

Depuis l'origine des temps, la propriété a toujours été considérée comme la plus importante des institutions, comme une des premières causes de la prospérité de l'homme sur terre, comme le principal moteur de son intelligence; en un mot, comme un bien aussi précieux que la liberté.

Contester la propriété, c'est nier la liberté, c'est même la détruire. Et, en effet, on ne peut sans blesser la raison, appeler sous l'étendard de la liberté un peuple, pour emprisonner son activité et son énergie dans un cercle de fer, et le mettre pour ainsi dire à la ration, au moyen d'un système en opposition avec les instincts que Dieu lui a donnés (1).

En supprimant l'émulation, en cherchant à mettre toutes les fortunes au même niveau, il semblerait que l'homme laborieux n'a pas le droit, à cause du paresseux, d'améliorer sa position ; et qu'il n'est pas juste, que celui dont la conduite est basé sur l'ordre, puisse acquérir un bien, lorsque le dissipateur et le

(1) Ce système n'est rien autre que la fameuse banque d'échange, qui occupe tant les socialistes en ce moment, et dont le but est d'opérer un bouleversement total dans la religion, la philosophie, le droit, la littérature, les sciences et les arts ; — d'abolir la famille, la royauté, la propriété, le numéraire ; — de supprimer les fonctions gouvernementales, les caisses d'épargnes, les tribunaux, l'armée, les ministères, l'État lui-même,..... et tout cela, pour arriver a former une société à l'instar d'un immense laboratoire, où les hommes assimilés à des instruments, auraient chacun un rôle déterminé, une place marquée par avance et seraient forcés d'agir comme un rouage engréné dans d'autres rouages, sans pouvoir dégager de ce dédale éternel, ou viendraient s'anéantir les plus douces espérances

prodigue ne peuvent faire aucune économie.

On voudrait persuader que la propriété est un privilège. Mais tout le monde n'a-t-il pas le droit de l'acquérir? le plus grand nombre des propriétaires actuels ne sont-ils pas d'anciens travailleurs, qui par leur activité et leur industrie sont arrivés à la prospérité?

Personne ne nie que de la propriété, comme de toutes choses, peuvent naître certains abus. Mais de ces abus à l'abolition, la distance présente une telle immensité, qu'il est à regretter de voir un homme de talent méditer la destruction d'un droit reconnu inviolable par l'univers entier ; employer un temps précieux à la publication des paradoxes suivants : *La propriété est impossible, parce que de rien elle exige quelque chose. La propriété est impossible, parce qu'elle est homicide. La propriété est impossible, parce qu'avec elle la société se dévore. La propriété est impossible, parce qu'elle est impuissante contre la propriété*, etc., etc.; plutôt que de chercher à servir l'humanité, en proposant des améliorations dont le besoin se fait généralement sentir.

En dehors de cette destruction, n'y avait-il pas pour un homme de cœur un vaste champ à parcourir, en indiquant des moyens capables de faire

disparaître l'agiotage, l'usure et les tripots de la
Bourse? N'y avait-il pas à lever le voile, qui empêche d'entrevoir les abus qui se commettent à l'abri
des cessions de biens, des contre-lettres, des conseils
judiciaires, des faillites et des frauduleuses sépara-
tions de biens entre époux? N'y avait-il pas à signaler
à la vindicte publique les inégalités en justice, les
intrigues de certains officiers ministériels, le peu de
respect porté dans tous les pays aux legs destinés
dans des intentions philanthropiques? N'y avait-il
pas, enfin, à proposer des institutions nouvelles, mais
raisonnables, dans l'intérêt de tous ceux qui sont
voués aux labeurs?

Il y avait là, pour une haute intelligence, une
belle tâche à remplir, sans avoir besoin de recourir
à des expédients stériles pour la classe souffrante, et
désastreux pour la société.

V.

Pour bien connaître, il faut comparer. L'homme ne
peut obtenir une solution satisfaisante, en quelque matière que ce soit, s'il ne choisit pas un point de comparaison ; ou, pour mieux dire, il est obigé de partir du
connu pour arriver à l'*inconnu*. Les sociétés n'échappent point à cet axiôme. Pour se former, elles sont libres

d'établir des conventions ; mais, quelle que soit la forme adoptée, il leur est impossible de se soustraire aux lois de la nature. En conséquence, elles sont forcées de modeler leur organisation sur ce qui existe, pour ne pas se trouver en contradiction avec les facultés morales et physiques de leurs propres éléments.

Cependant, les socialistes ne rêvent qu'égalité, sans s'inquiéter qu'au delà de celle devant la loi et en justice, on ne la rencontre nulle part, pas plus dans la nature que parmi les hommes. Ayant imaginé de confondre le matériel avec le moral, ils proclament, à l'aide de cette tactique, les plus grands sophismes, et, chose curieuse, ils ont la prétention de démontrer, au moyen de cette confusion bien entendue, que tous les raisonnements, quels qu'ils soient, faits en faveur de la propriété, concluent nécessairement à l'égalité, et, par conséquent, suivant eux, à la négation de la propriété.

Pour donner une idée de la manière dont ils interprètent les arguments d'hommes les plus respectables et les plus sérieux, un seul exemple suffira.

M. Destut de Tracy dit :

« Antérieurement à toute convention, les hommes » sont, non pas précisément comme le dit Hobbes, » dans un état d'*hostilité*, mais d'*étrangeté*. Dans

» cet état, il n'y a pas proprement dit de juste et
» d'injuste ; les droits de l'un ne font rien aux
» droits de l'autre. Tous ont chacun autant de droits
» que de besoins, et le devoir général de satisfaire
» ces besoins sans aucune considération étrangère.

» Il ne commence à y avoir de restrictions à ces
» droits et à ce devoir, qu'au moment où il s'établit
» des conventions tacites ou formelles. Là, seule-
» ment, est la naissance de la justice et de l'in-
» justice, c'est-à-dire de la balance entre les droits
» de l'un et les droits de l'autre, qui nécessairement
» étaient égaux jusqu'à cet instant. »

Cette définition, loin de conclure à l'égalité des
conditions, fait voir, au contraire, que le droit de la
propriété a pris naissance avec la société. Mais ce
n'est pas ainsi que le comprennent les socialistes.
Entendons-nous, disent-ils : *Les droits, dans l'état
d'étrangeté, étaient égaux*, cela signifie : que tous
avaient également le droit de se nuire qu'il n'y
avait d'autres droits que la ruse et la force. Or, puisque ce fut pour abolir ce droit égal d'employer la
force et la ruse, ce droit égal de se faire le mal, que
l'on commença à faire des conventions tacites ou formelles, et que l'on établit une balance : donc, ces
conventions et cette balance avaient pour objet d'assurer à tous égalité de bien-être ; et, comme l'inéga-

lité des conditions et des biens est le caractère propre de l'*étrangeté*, par la raison que, dans cet état, les hommes ne se doivent rien ; ont tous le droit de satisfaire leurs besoins sans aucune considération étrangère : donc, par la loi des contraires, si l'étrangeté est le principe de l'inégalité, la société a pour résultat nécessaire l'égalité. Ou, en d'autres termes, si, dans l'état d'étrangeté, les conditions et les biens sont inégaux, dans l'état social ils doivent être égaux.

Cette conséquence ne provient-elle pas de ce que l'argumentateur a généralisé pour avoir plus de latitude d'équivoquer à son aise? Si, au lieu d'appliquer la *balance* dont parle M. Destut de Tracy, à l'égalité du bien-être matériel, il l'avait pris dans le sens de l'auteur, il aurait épargné à ses lecteurs un raisonnement faux, car cette balance n'est rien autre que l'*égalité morale*, en vertu de laquelle la société garantit à chacun de ses membres le droit égal de jouir tranquillement sous sa protection de ce qu'il possède.

Supposons qu'un certain nombre de cultivateurs plus ou moins riches, après avoir vécu en hostilité depuis longtemps, aient pris la détermination de former une société pour mettre fin à leurs différends et se protéger mutuellement; supposons encore qu'ils aient senti la nécessité d'établir des lois, de nommer un chef pour faire respecter leurs conventions, et qu'à la suite des temps, ces diverses familles, en se multipliant, soient parvenues à augmenter leurs fortunes suivant leur zèle, leur activité, leur intelligence, et une persévérance au travail plus ou moins soutenue ; n'est-il pas évident, pour tout homme loyal et sensé, que ce n'est pas le désir d'égaliser leurs biens, mais, au contraire, celui de pouvoir en user avec sécurité, *eux et leurs descendants*, qui a déterminé ces cultivateurs à sortir de l'état d'*étrangeté* où ils se trouvaient avant l'association ?

Cette supposition n'est pourtant que l'histoire de l'origine de toutes les nations, mais cela n'empêche pas les socialistes de qualifier les doctrines qui ne reposent pas sur l'égalité des fortunes, de *niaiseries odieuses et absurdes*, et d'attaquer, sans crainte de porter la perturbation et le trouble dans les familles, des contrats faits de bonne foi en vertu du droit naturel que les lois humaines ont sanctionnés et homologués par la tradition des siècles.

Ils s'indignent de ce qu'on les accuse de vouloir détruire les liens les plus sacrés de la famille ; mais quelle confiance peuvent inspirer leurs protestations, lorsqu'ils cherchent à effacer un sentiment inné dans le cœur d'un père, en voulant l'empêcher de transmettre à ses enfants un bien, fruit de son labeur,

de ses économies et souvent même de ses priva-
tions?

VI.

Plus on examine la conduite des socialistes, et plus
on acquiert la conviction qu'il n'y a au fond de leurs
déclamations que mensonge et hypocrisie. Il est pi-
toyable d'entendre ces prétendus philanthropes faire
de belles phrases au nom de Jésus-Christ, invoquer,
pour les besoins de leur cause, les préceptes des saints
Pères de l'Église, et ne pas craindre de profaner ces
mêmes autorités dans tous leurs écrits.

Voici ce que dit leur apôtre par excellence, dans
son mémoire sur la propriété, relativement à notre
seigneur Jésus-Christ, à la théologie, à l'Église chrétienne et au catholicisme :

Page 20, *Jésus-Christ :*

« Tout à coup un homme parut, se disant *parole*
» *de Dieu :* on ne sait encore aujourd'hui ce qu'il
» était, ni d'où il venait, ni qui avait pu lui suggérer
» ses idées. »

Page 22, *Théologie :*

« La semence du *fils de l'homme ,* tombée en des
» cœurs idolâtres, ne produisit qu'une mythologie
» quasi-poétique et d'innombrables discordes. Au lieu
» de s'attacher aux conséquences pratiques des prin-

» cipes de morale et de gouvernement que *parole de*
» *Dieu* avait posés, on se livra à des spéculations
» sur sa naissance, son origine, sa personne et ses
» actions ; on épilogua sur ces paraboles, et du con-
» flit des opinions les plus extravagantes sur des
» questions insolubles, sur des textes que l'on n'en-
» tendait pas, naquit la *théologie,* qu'on peut définir
» *science de l'infiniment absurde.* »

Page 22, *L'Église :*

« La vérité chrétienne ne passa guère l'âge des
» apôtres ; l'Évangile, commenté et symbolisé par
» les Grecs et les Latins, chargé de fables païennes,
» devint à la lettre un signe de contradiction ; et jus-
» qu'à ce jour, le règne de l'*Église infaillible* n'a
» présenté qu'un long obscurcissement,

Page 22, *Catholicisme.*

« On dit que les portes d'enfer ne prévaudront pas
» toujours, que *parole de Dieu* reviendra, et qu'enfin
» les hommes connaîtront la vérité et la justice ; mais
» alors ce sera fait du catholicisme grec et romain,
» de même qu'à la clarté de la science disparaissent
» les fantômes de l'opinion. »

Voilà les hommes qui parlent de morale, de reli-
lion, et qui ont la prétention de travailler pour le
bonheur des peuples !... Si leurs extravagances n'é-
taient pas de nature à égarer l'esprit des masses, on

n'éprouverait qu'un sentiment de pitié ; mais comment ne pas être indigné, en voyant tout ce que leurs doctrines ont déjà fait et peuvent encore faire de mal!

La preuve qu'elles sont des plus dangereuses, c'est qu'elles remuent jusqu'au peuple le plus civilisé du monde entier.

N'est-il pas pénible de voir cette noble France, que tout le monde reconnaît pour la nation la plus écliarée, qui a toujours servi de modèle pour la réforme des lois, pour le renouvellement de la politique , pour la rectification des mœurs et des abus, être obligée de lutter contre la démagogie, contre le socialisme, contre le communisme, et contre tant d'autres folies de ce genre?... Tout en le voyant, on ne peut y croire... à moins que la nature ait voulu établir un contraste jusque dans cette lutte ; car il est évident que c'est le sublime aux prises avec le ridicule.

Vous tous, qui réclamez une réforme, regardez cette nation généreuse! Pas plus qu'elle, vous ne pouvez vous flatter de n'avoir parmi vous de ces prétendus philanthropes qui, sous le titre glorieux d'amis du peuple, chercheront à vous tromper et à se servir de votre force, comme d'une machine, pour l'exécution de leurs projets ambitieux.

Soyez sur vos gardes, car au lieu d'atteindre cette liberté vers laquelle vous aspirez avec un désir si légitime, vous n'arriveriez qu'à la destruction et à la ruine.

VII.

Ce qui démontre combien les bouleversements politiques sont peu basés sur l'intérêt des peuples, ce sont les pays où la révolte a éclaté, malgré toutes les améliorations accordées par les souverains.

A Rome... le saint-père, pour avoir été le premier à ouvrir les portes de la liberté, ne fut-il pas payé de la plus noire ingratitude?

A Turin..... le roi Charles-Albert, ce modèle de vertu et de patriotisme, n'a-t-il pas fini par être victime du chagrin que son noble cœur éprouva en voyant son dévouement méconnu, ses bonnes intentions calomniées ?

A Florence... le grand-duc Léopold, ce prince si bon, si généreux et si affable, n'eut-il pas la douleur de voir ses États en insurrection, nonobstant toutes les libertés dont jouit son peuple, pour lequel il est un véritable père de famille?

A Francfort.... le parlement, chargé par les États allemands d'élaborer une constitution, ne s'est-il pas servi de cette importante mission pour allumer la discorde et la guerre civile , au lieu de se poser en médiateur entre les souverains et les peuples, et de chercher à consolider les réformes que les princes avaient accordées?

Ce qu'il y a de remarquable, c'est que les populations de tous ces pays étaient on ne peut plus dévouées à leurs princes. Sans la criminelle propagande d'une nuée d'émissaires échappés de tous les mauvais coins de l'Europe , on n'aurait pas eu à déplorer les funestes résultats de soulèvements sans motifs.

Pour donner une idée combien le contact de ces hommes est dangereux, je ne puis m'empêcher de citer un fait qui m'a frappé à Florence :

Me promenant dans la ville le jour même où l'arbre de la République fut planté par quelques centaines d'écervelés, qu'un caporal à la tête d'une poignée d'hommes aurait pu facilement mettre à la raison, le hasard me fit rencontrer plusieurs personnes dont je connaissais l'exaltation des opinions , ayant été témoins de l'enthousiasme qu'elles manifestaient pour les doctrines de la démagogie. Indécis d'abord si je devais leur adresser la parole dans ce moment de trouble, le désir d'apprendre les nouvelles du jour m'y détermina. J'avoue que je ne fus pas médiocrement surpris de voir, en les abordant, leurs physionomies empreintes d'une morne tristesse : Eh bien !

Messieurs, leur ai-je dit, vous voilà satisfaits , il ne vous manque plus que le bonnet phrygien.—Hélas ! s'écria l'un d'entre eux en me serrant la main , nous ne pensions jamais que cela irait si loin ; quel malheur ! nous avons perdu le meilleur des princes !

VIII.

Le fait que nous venons de citer, et mille autres attestés par leurs actualités, devraient ouvrir les yeux à tous ceux qui se laissent entraîner avec tant de légèreté par ces hommes dont l'audace en recule pas même devant les choses les plus inviolables.

Peut-on avoir oublié les calamités que la démagogie a fait peser sur l'antique capitale de la civilisation? N'a-t-elle pas étendu son oppression jusqu'à vouloir substituer le régime républicain à l'autorité pontificale?

Elle aurait désiré voir la France appuyer l'insurrection romaine ; mais quelle que soit la position dans laquelle le gouvernement de la République se trouve lui-même, il a senti que s'il est digne d'un grand peuple de protéger un État contre l'envahissement d'une puissance étrangère, il ne pourrait sans s'abaisser intervenir en faveur d'une rébellion.

Toute politique qui oserait porter atteinte à l'autorité, dont le pouvoir moral plane au-dessus de tous les autres, et dont la souveraineté la plus antique et la plus légitime est indispensable à l'unité de l'Église, viendrait se briser contre la volonté toute-puissante de l'Europe chrétienne, fidèle à la foi de ses pères, et dévouée au chef suprême de sa croyance.

Le saint-père fut le premier à donner l'élan de la liberté. Entraîné par son noble cœur, il a voulu faire un essai. Sans examiner s'il avait le droit de mettre en jeu l'existence d'un pouvoir représentant la chrétienté tout entière, une seule chose ressort pour nous de la révolution romaine, c'est que de la manière dont les démagogues ont abusé de la grandeur d'âme de Pie IX, il est évident que leurs doctrines ne tendent qu'à la destruction de la religion et à la subversion des États.

Personne ne peut méconnaître qu'une des principales attributions d'un pouvoir paternel est de chercher, pour n'être pas obligé de les punir, à prévenir les erreurs. On ne doit donc pas s'étonner si, en présence des passions en effervescence, le souverain pontife hésite, après tout ce qui est arrivé, d'accorder des institutions libérales.

Un peuple a droit à la liberté; mais il ne doit pas la conquérir par la révolte. Tout pouvoir qui se laisse arracher des concessions et ne les donne pas, se précipite vers sa ruine. Sa chute est inévitable. La meilleure garantie pour des institutions nouvelles, c'est lorsqu'elles sont concédées sincèrement et acceptées avec confiance.

IX.

Quelles que soient les intentions bienveillantes d'un gouvernement après une secousse politique, il lui est souvent impossible de réaliser tout d'un coup des libertés, dont l'existence, au lieu de faire le bien, produirait un effet contraire sur des populations égarées par des impressions fausses.

N'est-ce pas en disant aux pauvres : vous serez riches ; aux paresseux : on vous rétribuera sans que vous ayez besoin de travailler ; aux dissipateurs : vous partagerez avec ceux dont les économies proviennent de l'ordre ; aux ignorants : vous occuperez des places sans en avoir les capacités, que l'on parvient à exciter les mauvaises passions ?

Ne vous y méprenez pas, n'importe les précautions employées par les instigateurs des troubles pour voiler leur style, le fond de la pensée qui règne dans leurs déclamations est manifestement celui que nous venons d'exprimer.

Pauvre Liberté ! jamais déesse des temps passés ne fut tant blasphémée : c'est à l'abri de ton nom que se commettent les plus grands crimes ; c'est à l'aide de ton prestige éclatant que se trament des odieuses conspirations ; tu sers de bannière à la révolte ; tu présides aux plus horribles massacres ; mais quelle est ta destinée? à peine ces drames affreux sont-ils terminés, que tu es jetée au rebut.

Ainsi, dans l'intérêt même de cette liberté que vous désirez avec une si vive ardeur, ne souffrez pas que l'on cherche à vous abuser par de vaines promesses et des flatteries, dont les apparences de la bonne foi dérobent à vos regards la plus fatale perfidie.

Arrière ces doctrines qui cherchent à surprendre vos consciences !

Arrière ces principes coupables qui ne visent qu'à la destruction de la religion, de la famille et de la propriété !

Arrière les dangereuses folies de ces correcteurs de la Providence et de la nature, qui voudraient faire croire qu'une société peut exister sans distinctions sociales.

X.

Si les hommes étaient sans besoins, personne ne chercherait à dominer, tous seraient parfaitement égaux ; mais comme ils ne peuvent se passer les uns des autres, il est de toute nécessité que la société soit composée d'hommes qui ne possèdent pas, et d'autres qui possèdent pour utiliser les premiers.

Qu'elle soit constituée en république ou en monarchie, il y aura toujours des chefs et des subordonnés, des riches et des pauvres, des gens de bien et des criminels, des hommes capables et des ignorants, des gens laborieux et des paresseux, des économes et des prodigues, des hommes de cabinet et des ouvriers.

Chaque individu a droit de se considérer l'égal de son semblable vis-à-vis de la société qui doit une égale protection à tous ; mais à moins d'être fou, ou d'avoir l'esprit perverti, on ne peut prétendre que tous les hommes occupent la même position.

Voulez-vous être véritablement libres? demandez ce qui est équitable et sage, mais ne demandez pas l'impossible.

XI.

Demandez l'application franche et sincère du principe d'égalité morale à vos institutions, et vous arriverez à une société où tous participeront aux avantages et aux charges, suivant l'intelligence, le mérite et l'apport de chacun.

Dans cette société, toutes les carrières vous seront ouvertes ; l'homme intelligent et capable pourra par venir aux places les plus élevées de l'État ; l'ignorant sera mis à même d'orner son esprit de toutes les connaissances possibles ; l'ouvrier laborieux sans travail trouvera protection ; les malheureux, non par leur faute, mais par celle des événements, de même que les vieillards, les infirmes et les orphelins sans ressources, seront secourus.

XII.

Demandez des lois claires, nettes et précises, qui frappent également toutes les classes de la société, qui ne soient pas sujettes à des exceptions capables de les dénaturer et de leur ôter de leur force, qui ne changent pas de noms et de pénalités pour certains privilégiés ; et vous serez tous égaux devant la loi, les abus disparaîtront, vous n'aurez plus à vous plaindre de ce que de grands coupables restent impunis, lorsque la société se montre à juste titre rigoureuse et sévère envers les autres criminels.

Ne dirait-on pas que le simple voleur n'est puni et flétri que parce qu'il a commis le crime brutalement, et qu'il est dû des ménagements, et en quelque sorte des égards au flibustier du grand monde qui vole avec raffinement ?

Quelle différence y a-t-il entre l'homme sans éducation, poussé par la misère et le besoin, à voler quelques centaines de francs, et celui qui, bien qu'il ait reçu de l'instruction, est amené par la débauche, la dépravation et le vice, à tromper la bonne foi de tous ceux qui ont le malheur de croire à sa loyauté?

Le malfaiteur qui se sert de fausses clefs, ou qui brise une serrure pour voler, est-il plus dangereux et plus coupable que le misérable qui, après avoir mis sa fortune à couvert, emploie des manœuvres frauduleuses, abuse de son nom et de sa position, emprunte avec l'intention de ne pas rendre, et répond ensuite par l'astuce, le mensonge et la calomnie, aux malheureuses victimes qu'il a extorquées?

XIII.

Demandez que tous les priviléges, sans distinction, soient abolis ; qu'à l'exception de l'État, personne ne puisse jouir d'un monopole quelconque, et les uns ne seront pas avantagés au détriment des autres, il régnera une parfaite égalité de droits et de devoirs.

N'est-il pas pénible de voir la loi condamner impitoyablement un malheureux artisan, se trouvant dans l'impossibilté, faute d'ouvrage, d'acquitter un billet souscrit à son boulanger ; se montrer rigoureuse envers un honnête négociant, que des pertes considérables auront mis dans l'embarras , et tolérer qu'un individu se retranche derrière un majorat ou une cession de biens judiciaire pour se soustraire à ses engagements?

La contrainte par corps était un moyen avec lequel on pouvait forcer un homme de mauvaise foi à payer. Le législateur l'avait instituée pour la sûreté du public, et dans l'intérêt du crédit en général ; il n'a pas voulu qu'elle devînt un instrument de vengeance : le fond de sa pensée prévoyante était de contraindre le mauvais vouloir, et non l'impossibilité ; mais depuis que de *considérants* en *considérants*, on est arrivé à ne plus respecter les lois, elle ne remplit nullement son but. On met en prison un individu sans ressource, qui n'a absolument rien ; on n'accorderait pas de délai à l'homme de bonne volonté, qui offrirait des garanties pour avoir une liberté sans laquelle il ne peut s'acquitter ; mais si le porteur d'obligations, souscrites par un personnage haut placé, s'avisait de réclamer cette mesure contre lui, ah! bien oui!..... malgré que la lettre de change soit rigoureusement assujettie à la contrainte par corps, onaurait l'air de lui dire : La prison? Fi donc!..... c'est bon pour des boutiquiers, des ouvriers et le petit monde, mais non pour des gens riches occupant une position élevée dans la société.

Ceci est triste à dire, pourtant c'est une vérité, dont la preuve existe dans un grand nombre d'arrêts qui annulent la contrainte par corps, sous prétexte que les accepteurs des lettres de change n'étaient pas négociants..... Comme si le commerce avait besoin pour sa sûreté d'avoir recours à la lettre de change, lorsque tout le monde sait qu'un commerçant peut être arrêté pour un simple billet, et même sur facture.

XIV.

Demandez que le capital ne soit pas privilégié aux dépens de la propriété et du travail, que l'impôt pèse plus sur le revenu que sur la consommation, qu'il frappe le superflu et non le nécessaire, et vous ne verrez plus les propriétaires, les fabricants, les ouvriers et les prolétaires, être les seuls à supporter le poids des dépenses indispensables à l'existence d'un État.

De tous les moyens d'opérer des recettes, l'impôt qui frappe le revenu nous paraît le plus rationel et le plus juste. Mais il faut l'étendre à tous les revenus. Il est monstrueux de voir des boursiers, des agioteurs, d'opulents spéculateurs, avoir des millions inscrits sur le grand-livre, jouir d'immenses avantages, sans participer en rien aux besoins du pays ; lorsqu'on prélève sur l'agriculture près de 20 pour 100, quand le revenu commercial supporte de considérables charges, et que l'ouvrier, par les droits énormes affectés à la consommation, se trouve obligé de contribuer aux frais de l'État, qui ne devraient l'atteindre ni directement ni indirectement.

XV.

Demandez qu'il soit créé, sous les auspices du gouvernement, une banque de prévoyance dans l'intérêt des travailleurs ; que cette banque soit destinée à subvenir aux besoins de l'ouvrier pour ses jours de maladie, de chômage non mérité et de vieillesse : et la société aura atteint le but de son institution.

On ne peut trop le dire et le répéter : la principale mission d'un état social est de protéger ses membres contre l'oppression des inégalités naturelles. En conséquence, la fraction privilégiée par la nature doit venir au secours de celle qui ne l'est pas. *Aimez-vous tous*, a dit Jésus-Christ, *car vous êtes des frères.*

Il est certain que des hommes ne possédant que leurs bras, et payant cependant un tribut à la société par le service militaire et par un travail dont elle ne pourrait se passer, ont le droit d'exiger, pour les circonstances imprévues et difficiles, plus que la charité.

Cette vérité est tellement manifeste, qu'elle a pénétré dans toutes les consciences. Il ne s'agit plus que de trouver des moyens efficaces pour obtenir les avantages de sa réalisation. Voilà pourquoi nous n'avons aucune crainte d'être accusé de communisme, de socialisme ou de démagogie, en proposant que cette banque soit alimentée, d'une part, par de minimes retenues faites légalement sur le salaire de l'ouvrier, et, de l'autre, par un droit léger, mais proportionnel, prélevé : sur les héritages et les mutations des immeubles; sur les placements à venir des capitaux hypothécaires et en rentes sur l'État; sur les cessions de fonds de commerce, charges des officiers ministériels ; sur les traitements de tous les fonctionnaires publics, et enfin, sur le papier timbré destiné aux billets seulement.

Ces modiques retenues, affluant sans cesse comme une multiplicité de petits ruisseaux qui finissent par former un grand fleuve, suffiraient, à l'aide d'opérations financières bien dirigées, par établir une banque considérable. Et cette banque, ne s'occupant les dix premières années que de son accroissement, pourrait arriver à un tel degré de prospérité et d'importance, que la société se trouverait à même de soulager toutes les souffrances, et n'aurait plus à redouter ces explosions effrayantes, qui la menacent constamment, et restent suspendues au-dessus d'elle , comme le glaive de Damoclès ; ou tel qu'un rocher immense, dont une population placée au-dessous, appréhende à chaque instant l'éboulement.

Un établissement de ce genre pourrait-il rencontrer une opposition ? Il faudrait désespérer de l'humanité pour le croire. Peut-on supposer qu'une faible retenue puisse indisposer celui qui vient de recueillir une succession, lorsqu'à quelques pas des hommes faits comme lui n'ont hérité que de la misère ? Est-il présumable qu'un capitaliste faisant un placement, un propriétaire achetant ou vendant un immeuble, un commerçant cédant son fonds, un officier ministériel transmettant sa charge, soit assez égoïste, pour se récrier contre le prélèvement d'un droit léger dans ces sortes d'opérations, lorsqu'il se voit entouré d'ouvriers malades, de vieillards infirmes qui, après avoir travaillé toute leur vie, n'ont rien, pas même la santé et la force suffisantes, pour continuer à se procurer, au moyen d'un salaire qu'ils n'ont plus, des aliments ?

Quant à messieurs les fonctionnaires publics, ce serait faire un outrage à leur délicatesse que de douter un seul instant de leur bienveillance pour la philanthropie. Ne sont-ils pas, d'ailleurs, doublement privilégiés? D'abord par la nature , qui les a doués de capacités refusées à un grand nombre de leurs semblables ; ensuite , par la société qui les a invessti de places , auxquelles tant d'autres ne peuvent arriver, quoique possédant les mêmes capacités ?

Ainsi, tout fait espérer que notre proposition recevra partout un noble accueil, et que sa facile réalisation justifiera notre attente.

Cet établissement deviendrait en outre, par ses immenses capitaux et ses opérations de banque, d'une grande utilité pour le commerce , et finirait aussi par détruire cette prétention erronée de quelques ouvriers, qui s'imaginent avoir droit à une absolue garantie au travail.

C'est une chimère de soutenir que l'État doit procurer du travail à ceux qui , forts de l'appui d'une loi, pourraient lui en demander. Nul doute qu'il est utile, dans l'intérêt de l'humanité, de faire exécuter aux frais du trésor le plus de travaux possible, car l'argent dépensé dans l'intérieur d'un pays est toujours bien employé. C'est au gouvernement à donner du développement à l'agriculture , l'essor à l'industrie, et une immense ramification au commerce : c'est à lui qu'appartient le privilège d'encourager les sciences et les arts : mais là doivent se limiter les demandes ou les exigences. L'activité ou le ralentissement des travaux ne peuvent être déterminés par aucune prévision ; ils dépendent d'une foule de circonstances, et principalement de la tranquillité. C'est donc aux travailleurs eux-mêmes à coopérer au maintien de l'ordre, en repoussant les insinuations malintentionnées des perturbateurs, et en prêtant leur appui au gouvernement, dont la stabilité peut seule les mettre à l'abri du chômage.

XVI.

Demandez que les places dépendantes de l'État ne puissent être cumulées, que les appointements de tous les fonctionnaires publics soient fixés d'une manière équitable, et des protégés n'occuperont plus deux ou trois emplois à la fois, on ne verra pas de hauts dignitaires recevoir à titre de traitement des sommes exagérées, lorsque l'employé subalterne est privé du strict nécessaire.

S'il est rationnel d'établir une échelle graduelle dans les rétributions des employés, il est juste aussi qu'elle soit faite de manière pour que tous puissent vivre honorablement en travaillant. N'est-ce pas un abus de voir un général toucher le traitement affecté à son grade, et en recevoir un autre comme inspecteur ou gouverneur d'une école militaire?

L'État doit, sans contredit, être mis à même de pour voir récompenser des services rendus ; cependant on ne devrait jamais perdre de vue que toutes les libéralités en général ont, pour source première, la totalité des contribuables.

Un fonctionnaire, quel que soit son mérite, peut-il se targuer d'être indispensable à la patrie, lorsque. des milliers d'individus, ayant les mêmes capacités, seraient trop heureux d'occuper sa place ?

XVII.

Demandez qu'aucun fonctionnaire ne puisse être nom é à vie, qu'on le rende responsable de la moindre infraction qu'il ferait aux lois ; que les places ne puissent s'acquérir par la protection ou des considérations de famille, mais au moyen d'un concours public, où se fera jour le vrai mérite ; et les lois seront respectées, vous serez gouvernés par des hommes capables, un ressentiment contre l'organisation sociale ne s'élèvera pas dans le cœur de ceux dont l'attente n'aura pas été remplie; leur espoir ne les abandonnera point, les emplois cessant d'être un privilége inamovible.

L'inamovibilité des fonctionnaires étant abolie dans

la plupart des pays civilisés, pourquoi cette exception en faveur des magistrats judiciaires? Nous pensons que loin d'être fondée, elle est dangereuse. Ceci est si vrai, qu'en France, un des premiers actes du gouvernement provisoire de la République fut un décret qui abolissait cette inamovibilité.

Ce décret ne provenait-il pas de ce que parmi les membres du gouvernement, il y avait plusieurs avocats qui en sentaient la nécessité absolue?

Tous ceux qui désirent une réforme réelle et stable, afin de préserver la société de secousses continuelles, approuveront cette mesure prévoyante et sage. Il n'y a que les anarchistes et les conservateurs des abus, qui peuvent chercher à y mettre des entraves :

Les premiers, pour avoir sujet de se plaindre et de susciter de nouveaux troubles, bien convaincus que l'inamovibilité donne lieu à un grand nombre d'abus, lesquels, en matière de justice, sont des crimes affreux, capables de pousser les caractères les plus généreux à la révolte ;

Les seconds, par la raison que ne voulant pas de réformes, bien qu'ils aient l'air de marcher dans la voie du progrès, ils désirent conserver les institutions vicieuses des temps passés.

Aussi, rien d'étonnant de leur entendre dire :

« Mais cette inamovibilité des magistrats n'est-elle

» pas une garantie de leur indépendance vis-à-vis
» du pouvoir? Peut-on supposer qu'ils soient capa-
» bles de se laisser influencer par des places, des
» honneurs ou de l'avancement offert à leurs pro-
» pres personnes ou à leurs affidés?.. Lorsque même
» il y aurait un danger réel à rendre inamovibles des
» hommes qui, sans responsabilité aucune, occupent
» les fonctions les plus graves et les plus importantes
» de l'État, ce danger ne disparaît-il pas devant le
» caractère dont sont investis les magistrats, carac-
» tère qui les met à l'abri de toutes passions humai-
» nes?... Si, par hasard, il se trouvait des hommes
» incapables parmi eux, leur inamovibilité ne les
» place-t-elle pas dans la position de pouvoir, avec le
» temps, se former par la pratique? »

Tel est le raisonnement de ces soi-disant libéraux,
qui sacrifient les intérêts les plus sacrés d'une société tout entière au privilège d'une faible poignée
d'hommes. Entre un peu moins de courtoisie et plus
de sollicitude pour la sécurité générale, le choix
pourrait-il être douteux, s'ils avaient le désir d'arriver à une réforme?

Cette prétendue indépendance vis-à-vis du pouvoir, le seul argument spécieux qu'ils font toujours
valoir, n'est même pas sérieux ; car, ou vous trouve-
rez les magistrats hostiles au pouvoir exécutif, ou

par trop dociles : dans le premier cas, l'autorité suprême s'amoindrit; dans le second, plus d'indépendance; et dans les deux, un égal danger.

XVIII.

Demandez que l'institution des tribunaux ait pour
première condition de donner toute sécurité à l'homme
qui se présente pour obtenir justice, et vous n'aurez
plus à redouter que la puissance sociale écrase le
faible, quand il a le bon droit pour lui.

Mais quelle indignité, s'écrieront les ennemis des
réformes, que de supposer des abus en matière aussi
sainte !

Une seule question :

Des iniquités peuvent-elles se glisser en justice?
oui ou non..... Si elles peuvent avoir lieu, on doit
partager nos craintes ; *car les jugements en dernier
ressort étant en principe une autorité qui donne à
l'erreur même la force de la vérité*, il est urgent
qu'ils soient entourés de sécurités réelles, puisqu'ils
décident de l'honneur, de la liberté et de la fortune
des citoyens. Si, au contraire, on prétend que de
la manière dont sont organisés les tribunaux, une
iniquité est impossible, que l'on fasse voir les précautions employées pour empêcher qu'elle n'ait lieu .

Est-ce en laissant au magistrat la faculté d'appliquer l'art. 1353 du code civil selon son bon vouloir, qu'il est mis dans l'impuissance de substituer impérieusement sa volonté à la volonté souveraine de la loi ?

Est-ce en lui donnant la liberté de motiver ses jugements *en fait* seulement, qu'on lui a ôté le pouvoir de faire infraction aux lois, de se soustraire à la critique de la cour de cassation ?

Est-ce en le rendant inamovible qu'on l'a empêché d'admettre des allégations mensongères, de baser ses décisions sur des erreurs matérielles ?

Est-ce enfin, en proclamant qu'il est incapable de manquer à sa conscience, qu'on l'a placé dans l'impossibilité de pouvoir y manquer ?

Si ce sont là les moyens pour préserver l'institution judiciaire des passions auxquelles ses ministres, pas plus infaillibles que d'autres hommes, sont exposés, il ne nous reste plus qu'à gémir sur la crédulité de tous ceux qui les admettent avec confiance pour des garanties.

XIX.

Demandez que les études de notaires, d'avoués et d'huissiers, auxquels la loi vous force de recourir, deviennent des institutions pour protéger le bon droit, et non des offices de chicane; qu'elles aient pour base le respect des lois, la justice et la conciliation; que les officiers ministériels de chaque branche soient responsables les uns des autres; que les frais judiciaires soient diminués et organisés de manière à ce que l'homme malaisé puisse être mis dans la possibilité matérielle de jouir du bénéfice des lois civiles; que la procédure soit simplifiée, et ne puisse être multipliée à volonté pour augmenter des frais; que tous les actes, en général, aient une taxe dans laquelle on comprenne les émoluments et honoraires: que cette taxe soit affichée dans les études et tribunaux; que sous aucun prétexte, on se permette de demander plus; et les hommes de mauvaise foi ne trouveront plus; d'appui, les honnêtes gens, incapables de recourir à l'intrigue, ne seront pas opprimés, on ne verra plus des contributions (1) durer des deux, trois et quatre années, des expropriations ne profiter ni aux créanciers ni aux débiteurs, des malheureux ruinés par des frais de justice.

(1) On appelle contribution, en termes judiciaires, la distribution qui se fait d'une somme entre plusieurs créanciers saisissants ou opposants.

En jetant les yeux sur l'élasticité dont est susceptible la procédure civile, ne dirait-on pas qu'elle n'a été inventée que pour faire la fortune de MM. les officiers ministériels? Il est temps de s'occuper sérieusement des moyens contre lesquels viendraient échouer ces subtilités honteuses, imaginées pour augmenter le nombre des actes. Depuis que les lois ont cédé la place à la chicane, *le fonds* est constamment absorbé dans la plupart des procès, par *la forme*. Il est vrai que cet état de choses ouvre un vaste champ d'exploitation à ceux qui ont tant besoin de récolter pour acquitter des charges, dont le prix s'élève souvent à trois, quatre et même cinq cent mille francs. Mais le contribuable, cet homme, sans lequel la société ne pourrait exister, doit-il payer des frais exorbitants pour arriver à obtenir une justice qui lui est due gratuitement, en retour des sacrifices dont il est imposé?

Tant que l'on sera forcé de recourir en justice à des intermédiaires dont l'unique préoccupation est de s'enrichir, en cherchant à faire dévorer *le fonds* par *la forme*, les lois seront dénaturées, l'astuce l'emportera sur le bon droit, les cabinets qui deviendront l'asile de la ruse aux cent détours, auront le plus de renommée, obtiendront le plus de prix dans l'esprit des intrigants.

XX.

Demandez que chacun ait le droit de manifester son opinion, non à l'aide de clubs, de rassemblements armés et d'émeutes que soulèvent quelques ambitieux, mais par la voie de la presse , et vous aurez une discussion digne de peuples éclairés et libres, car ce n'est pas par la brutalité, mais par des raisonnements que l'on combat des principes.

C'est en vous maintenant dans cet ordre d'idées, que vous arriverez à un champ de progrès d'une vaste étendue , d'une inépuisable fécondité, et que vous irouverez les moyens de régénération qui peuvent être appliqués à une société ;

C'est en choisissant vos représentants parmi des hommes capables , mais plus intègres qu'éloquents, que vous donnerez du développement à ces principes.

C'est par l'ordre et la tranquillité que vous ferez prospérer les sciences, les arts, l'agriculture, l'industrie, le commerce, que vous parviendrez à améliorer le sort des travailleurs.

Et c'est par la justice, qui est le soutien, le point d'appui de tous les droits humains, que vous obtiendrez des garanties réelles pour vos libertés.

6

XXI.

Peuples ! demandez que la justice devienne une vérité, car, lorsqu'elle est méconnue et foulée aux pieds, il n'y a plus ni ordre ni sécurité. Les sociétés qui tolèrent un tel état de choses se rendent coupables de hautes trahisons ; les nations qui le souffrent se décomposent, se déshonorent et périssent !

Pourtant... chose surprenante ! dans ce moment solennel où tout est mis en question, où chacun fait valoir son dévouement, pas une seule voix généreuse ne s'est élevée pour plaider la sainte cause de l'*égalité en justice*..... D'où vient cette indifférence pour l'institution la plus importante de l'état social ? Est-ce parce que tout y est pour le mieux ? Non, tout le monde sait le contraire ; un secret murmure qui, à cet égard, s'étend de société en société, suffit pour l'attester. Et si on ne s'en occupe point, c'est parce que la politique a envahi les esprits, en absorbant toutes les pensées qui pourraient contribuer à la réalisation d'une réforme, dont l'utilité est généralement sentie.

Quoi de plus important que de faire respecter les lois, et de veiller sérieusement à ce qu'elles soient appliquées avec égalité en tout et partout !

Rédiger des lois, sans s'occuper de leur application,

c'est construire une machine et oublier le moteur.

Les lois les plus médiocres, observées scrupuleusement, sont préférables aux lois les plus parfaites, dont on abuserait.

Pour avoir une bonne justice, il faut l'organiser de manière que tout le monde soit forcé de courber la tête devant la loi, et non devant ceux qui ont mission de la faire exécuter.

Les magistrats n'étant que des hommes, pourquoi voudrait-on qu'ils soient plus infaillibles que leurs semblables? L'instruction qu'on doit leur supposer les met-elle à l'abri de toutes passions humaines?

N'a-t-on pas vu, dans tous les rangs de la société, des capacités supérieures être accessibles à la corruption, trahir leur mandat?

Parce qu'un individu aura fait son droit, sera revêtu du titre de magistrat, aura endossé une robe noire ou rouge, sera coiffé d'un bonnet carré ou rond, faut-il en conclure qu'il restera toujours intègre?

N'a-t-on pas maints exemples d'hommes qui, après avoir vécu d'une manière irréprochable pendant quinze ou vingt ans, sont devenus tout-à-coup criminels?

Où est la garantie contre un magistrat qui se rendrait coupable d'un déni de justice?

A-t-on la faculté de faire réviser un jugement mal rendu?

La loi a-t-elle créé une institution avec mission spéciale de rectifier les erreurs et de réprimer les iniquités?

Elle a, il faut en convenir, autorisé dans certains cas la prise à partie et la requête civile, mais les conditions et les formalités exigées ne sont-elles pas subordonnées à des difficultés si grandes, que ces moyens deviennent impraticables?

XXII.

Le pouvoir judiciaire trouve bien son complément dans l'institution de la cour de cassation, mais comme elle ne veille qu'à la juste application des lois, et ne s'occupe nullement de la substance et du fond des procès, il en résulte que tout ce qui est laissé à l'appréciation des magistrats, tous les jugements rendus *en fait* échappent à sa critique.

Ceci est tellement vrai, que, quand bien même on aurait jugé qu'il fait nuit en plein jour, cette décision causerait-elle la ruine et le désastre de toute une famille, pourvu que la sentence soit régulièrement prononcée quant à la forme, qu'elle soit basée sur des *attendus* et des *considérants* motivés *en fait*, la cour de cassation n'y peut rien.

Il ne reste donc aux malheureuses victimes d'iniquités judiciaires qu'à payer les frais de justice, qui

ne manquent jamais, et à se taire, si elles ne veulent
être poursuivies et condamnées comme ayant porté
atteinte à la dignité de la magistrature !

XXIII.

Nul doute qu'en écoutant avec trop de facilité les
parties, toujours mécontentes du jugement qui les
condamne, le respect dû au caractère des juges ne
soit à chaque instant méconnu. Cependant, on ne
peut repousser arbitrairement des réclamations et des
plaintes fondées, sans manquer à l'équité. Dans cet
état de choses, il est de toute nécessité, tant pour la
sûreté et le repos des familles, que pour la dignité
dont doivent être entourés les magistrats, de les
mettre à l'abri de toute suspicion. Or, comment y
parvenir, si ce n'est en les plaçant dans une position telle que le soupçon ne puisse naître?

Il nous semble que rien ne serait plus simple, si on
voulait mettre les considérations personnelles de côté.

Le barreau ne possède-t-il pas tous les éléments
nécessaires à la formation d'une institution judiciaire,
dont la condition première doit être la scrupuleuse
application des lois?

Pourquoi donc les avocats ne rempliraient-ils pas,
chacun à leur tour, les fonctions des magistrats ?

Quel est l'obstacle qui empêcherait d'établir une combinaison, dans laquelle, par exemple, les avocats tireraient au sort tous les deux ans, et nommeraient ensuite à la majorité des voix, parmi ceux que le sort aurait désignés, les juges, les conseillers, les présidents et autres fonctionnaires dont se compose la justice?

Ce renouvellement continuel de la magistrature, et ce mode de nomination par la pluralité des voix, en produisant entre les avocats plaidants et ceux chargés de juger une émulation incessante, n'en découlerait-il pas une grande sécurité pour le public, un progrès immense pour la science?

En effet, l'avocat qui serait sur le point de rendre une sentence, sachant que dans quelque temps il présentera lui-même la défense d'une cause à la décision du collègue qui plaide devant lui, donnerait bien plus de garantie à celui qui réclame son droit, qu'un juge inamovible.

La cour de cassation elle-même pourrait être formée d'avocats qui auraient rendu le plus de services, et dont les fonctions seraient de dix ans, avec faculté d'être réélus.

Quant à l'indépendance des magistrats vis-à-vis du pouvoir, il est évident qu'elle deviendrait réelle.

Sans entrer dans le développement de ce projet, dont nous ne donnons ici qu'une idée, ce qu'il en a été dit suffira pour que l'on puisse apprécier les avantages incontestables qui résulteraient d'une organisation de ce genre

XXIV.

Il est certain que si au lieu de s'enflammer avec frénésie pour les mots les plus vagues, on s'occupait de choses sérieuses et utiles, plus d'une institution indispensable au bonheur des peuples aurait déjà été réformée. Malheureusement ce travers est devenu tellement général, que lorsqu'un chef de l'État s'écarte d'un principe que l'on espérait lui faire adopter sur une idée souvent chimérique, tout le monde s'indigne, se révolte, la société est mise en émoi ; mais si une victime d'iniquité judiciaire se plaint de ce qu'elle a été dépouillée de son avoir, diffamée odieusement, personne ne s'en occupe, on a l'air de dire : Allons donc, c'est impossible!... Il y a un jugement et un arrêt qui décident le contraire.

On ne supporte pas le joug du despotisme exercé par le pouvoir suprême, mais on courbe servilement la tête devant les actes arbitraires d'un magistrat.

On n'aura pas la moindre indulgence pour les fautes d'un souverain, quand même ses intentions seraient les meilleures ; mais on excusera les erreurs et les in-

justices commises par un juge, bien qu'il puisse facilement les éviter en se conformant aux lois.

XXV.

Cette contradiction étrange et bizarre démontre
suffisamment l'esprit du siècle et les tendances de la
propagande actuelle.

Peu importe aux moteurs des révolutions que telle
ou telle institution soit bien organisée ou non, il leur
faut des bouleversements et des troubles, sans lesquels ils ne pourraient atteindre leur but.

Ce ne sont pas des réformes prévoyantes qu'ils désirent obtenir, c'est le pouvoir dont ils veulent s'emparer, par l'empire qu'ils espèrent exercer sur l'esprit des masses, en proclamant le système d'égalité
matérielle, en attaquant la propriété.

Les fanatiques d'autrefois asservissaient l'espèce
humaine au nom de Dieu et de la religion: les démagogues d'aujourd'hui voudraient dominer par leur
despotisme au nom de la liberté.

Ne vous y trompez pas, ceux qui vous promettent
un bonheur illusoire, ne vous parlent que de vos
droits, et jamais de vos devoirs, ne sont pas vos amis.

Ils usent de votre force comme d'un marche-
pied qu'ils briseront une fois monté, dans la

crainte qu'ils ne servent à les faire descendre.

Depuis qu'ils ont dénaturé le véritable sens du mot *égalité*, vous vous trouvez plus près du despotisme que de la liberté.

N'oubliez pas que dans la nature les extrêmes se touchent, et que de la licence à l'absolutisme il n'y a qu'un pas.

Consultez l'histoire, et vous verrez que de tout temps les nations les plus marquantes , après avoir traversé l'époque transitoire , sont arrivées à leur apogée, puis à leur décadence.

C'est un cercle étroit, autour duquel vous tournerez constamment, sans pouvoir jamais le dépasser...

XXVI.

Le moyen le plus infaillible pour assurer l'existence politique et la grandeur d'un peuple , c'est le patriotisme. Malheureusement, il a bien perdu de sa force depuis que l'on s'est avisé de vouloir conquérir certains droits illusoires de l'humanité, au détriment de la société. Cette utopie est d'autant plus dangereuse que, par sa philanthropie apparente, elle tend à restreindre le dévouement que l'on doit à la société, pour une idée tout-à-fait stérile.

Remontez à l'origine de toutes les sociétés, examinez de quelle manière elles ont pris naissance, et vous verrez : que des individus unis par les liens du sang ont d'abord formé des familles ; que les familles les plus rapprochées se sont réunies, et qu'ensuite elles ont fini par former ces grandes familles que l'on appelle sociétés, peuples ou nations.

Ainsi, l'état social, dans lequel on est né, c'est la patrie. Étouffer l'amour de la patrie, c'est anéantir la force morale d'un peuple, c'est chercher à effacer le souvenir des faits éclatants dont se glorifient les nations.

Autrefois, le dévouement pour la patrie était un sentiment qui dominait tous les autres. Un homme de cœur aurait versé sa dernière goutte de sang pour accomplir ce saint devoir. Mais ce n'est plus ainsi que l'entendent messieurs les démagogues : leur patriotisme à eux consiste dans le triomphe de leur doctrine, et ne dépasse pas le cercle qui entoure les révolutionnaires de tous les pays. Périssent la France, la Pologne, l'Italie, l'Allemagne, l'univers entier, plutôt qu'une idée quelconque sortie du cerveau d'un des membres de cette confrérie !

On ne doit donc plus s'étonner de voir un journal français, écho fidèle de la démagogie, faire l'appel suivant aux troupes françaises, à l'occasion de l'expédition romaine :

« Nous avons confiance en notre armée expédi-
» tionnaire, nous avons foi dans son patriotisme. Ce
» serait un beau jour pour l'Europe démocratique, si
» notre armée refusait d'accomplir l'œuvre impie di-
» rigée par le général Oudinot : il n'y a point de dis-
» cipline qui les oblige à obéir. Qu'elles ne se bat-
» tent point : elles seront sublimes !... »

Ce journal a sans doute oublié que l'honneur militaire consiste dans l'obéissance et la fidélité au drapeau, et que le soldat français, dans la suite des
siècles, n'y a jamais manqué. Aussi a-t-il répondu à
cette indigne provocation par son entrée dans Rome.

XXVII.

Un peuple qui manque de patriotisme est à la veille
de sa perte; si les nations les plus florissantes ont dé-
cliné et sont tombées dans la servitude, c'est parce
qu'elles ont déserté le drapeau de leurs pères pour
s'abandonner à de funestes principes.

Nous ne pouvons assez le répéter : le premier devoir d'un peuple c'est le patriotisme ; le dévouc-
ment pour la liberté ne vient qu'après. Il en est de
cette dernière comme de la civilisation, elle ne s'acquiert qu'avec le temps et l'expérience.

Une des causes qui a puissamment contribué à la

grandeur de l'Angleterre, n'est-ce pas son patriotisme? Sa prépondérance sur mer, l'immense étendue de son crédit, ne proviennent-ils pas du patriotisme de ses indigènes, qui ne reculent devant aucun sacrifice quand il s'agit des intérêts de leur pays?

N'est-ce pas par le patriotisme d'une série de siècles que la France est arrivée à être la première nation de l'univers? — Croyez-vous qu'elle eût atteint sa puissance et sa civilisation, si les idées et les doctrines actuelles l'avaient envahie dès l'origine?—Le grand nombre de faits éclatants, d'actions héroïques, de nobles dévouements, de vertus sublimes, dont se glorifie à juste titre le peuple français, ne les doit-il pas à la vigueur des sentiments patriotiques dont furent animés ses ancêtres?

En parlant de patriotisme, doit-on oublier la Pologne?

Il semble que le destin ait rassemblé sur elle tout ce qui peut être imaginé pour anéantir un peuple. Cependant, est-elle détruite?..... Non..... Elle existe toujours !

Si la nation polonaise n'existe pas physiquement, elle existe moralement, car chaque Polonais l'a dans son cœur. L'amour de la patrie est dans le sang de ces Slaves, se transmet de père en fils, et fait partie de leur âme ; pour l'anéantir, il faudrait égorger jusqu'au dernier-né des enfants de la Pologne; s'il en échappait un seul, ce serait assez pour engendrer un sauveur !.... Cet amour de la patrie qui embrase leur cœur, c'est un feu que les climats glacés ne peuvent éteindre, c'est une lumière que l'obscurité des cachots rend plus brillante encore, c'est un baume suave qui coule sur leurs blessures, les soutient et les soutiendra jusqu'au moment où se réalisera leur espérance !

Cette réalisation, objet de tant de vœux, sortira-t-elle des rêves du communisme? Puisera-t-elle sa force dans une république , lorsque c'est par elle que la Pologne est tombée? Émanera-t-elle des systèmes inextricables de la démagogie? La trouvera-t-on sous les ruines de la religion, de la famille et de la propriété ?

Stérile espoir que celui basé sur de telles illusions !

La Pologne ne renaîtra qu'avec le rétablissement de l'équilibre en Europe. Sa nationalité reprendra son rang, lorsque la Russie finira par comprendre qu'il est plus avantageux pour elle de recueillir les sympathies d'une nation alliée, que de récolter une moisson arrosée par les larmes et le sang d'un peuple enchaîné.

XXVIII.

Pourquoi voit-on des hommes vénérés, respectés

toute leur vie, tandis que d'autres élevés d'abord jusqu'aux nues, retombent bientôt dans l'indifférence et l'oubli, ou sont abhorrés de tout le monde? C'est que les premiers se sont signalés par un patriotisme vrai, et que les seconds, ne possédant que l'art des trompeuses paroles, ne peuvent abuser longtemps de la crédulité des peuples.

Défiez-vous des hommes à grandes phrases. L'éloquence a son mérite, mais elle est quelquefois plus nuisible qu'utile en matière politique.

Une bonne pensée, quoique mal exprimée, vaut mieux qu'un sophisme entouré d'une belle diction, et un bon citoyen est toujours préférable à un savant ambitieux.

Voulez-vous obtenir des institutions bonnes et durables? Ne vous laissez pas séduire par le charme de l'éloquence; choisissez vos représentants parmi des hommes simples, d'une vie austère, mais d'un patriotisme éprouvé et d'un esprit éclairé par l'expérience de la pratique.

Vos représentants, c'est vous-mêmes. Il vous importe, par conséquent, que votre voix se fasse entendre par l'organe d'hommes consciencieux, qui ne soient nullement guidés par l'intérêt personnel. De cette représentation dépend et votre bonheur et celui de votre patrie. Elle est la plus belle prérogative

d'un peuple, mais en même temps la seule voie raisonnable qui lui soit ouverte pour réclamer des
droits.

A l'exception de la presse, dont la discussion doit
être libre, toutes les autres démonstrations sont autant de sacriléges commis, autant d'atteintes portées
à la liberté.

Vous avez des droits incontestables à faire valoir,
mais aussi des devoirs sacrés à remplir envers la société, et si depuis quelque temps on semble avoir oublié ces derniers, c'est parce que tout le monde parle
aujourd'hui de liberté, d'égalité, de fraternité, et
très-peu savent apprécier ces mots à leur juste valeur.

XXIX.

Peuples! nous vous avons montré comment des
démagogues insensés vous conduisent à l'anarchie;
comment les adversaires des réformes utiles tendent
à perpétuer les abus; enfin, comment la corruption
vous entraîne à la dissolution, à la mort.

Nous avons cherché à vous démontrer que la véritable liberté consiste dans l'égalité morale et une
bonne justice.

Nous avons désiré vous faire voir le gouvernement
qui peut vous donner le plus de garanties.

Nous vous avons cité la France pour exemple, comme étant le pays où la civilisation est portée à un degré supérieur, et parce que vous espérez, en suivant l'impulsion émanée de son génie, faire naître une ère nouvelle parmi vous.

Nous avons voulu, tout en vous indiquant des améliorations, vous engager à quitter de brillantes mais funestes illusions.

L'enfant, attiré par quelques vapeurs phosphorescentes qui voltigent dans l'air et lui font voir de riantes prairies émaillées de fleurs, sent bientôt dans sa course le sol faiblir sous ses pas, et disparaître englouti dans l'abîme !

Oui, nous avons voulu que vous ne soyez pas l'enfant imprudent, mais que vous marchiez dans la voie ferme des réformes possibles, profitables, à l'aide desquelles vous parviendrez au bonheur réel.

Puisse la faiblesse de notre parole et la modération que nous avons conservée dans le cours de ce petit ouvrage, bien imparfait, mais sincère, ne pas nuire à la sainte cause que nous avons défendue !

Puisse enfin le germe que nous avons jeté ne pas tomber dans l'ivraie, mais se développer et grandir pour votre salut !

FIN.